DESCARTES' THINKING

仕事に使えるデカルト思考

「武器としての哲学」が身につく

明治大学教授
齋藤孝

PHP

はじめに

デカルトの思考法を仕事で活用してみよう。——これが本書のメインメッセージです。

デカルトは約四百年前を生きたフランスの哲学者です。現代日本のビジネスパーソンとはかけ離れた人物のように思われるかもしれませんが、デカルトの著書には、現在の私たちの仕事に活かせる思考法がたくさん書かれています。「デカルトはこんなことも言っていたのか！」と、驚かされる内容がとても多いのです。

「我思う、故に我あり」の言葉に代表されるように、デカルトは自我を宣言しました。その後、理性を中心にした明晰な思考法が、世の中全体の主流になっていきました。物事を冷静にとらえて、自分自身の意識をしっかり保ち、判断していく。そのしっかりとした頭の働きを、デカルトは重視しました。

現代はデカルトが指向した流れが加速してきて、ＡＩ（人工知能）化もどんどん進み、冷静な判断力が高速で求められるようになってきました。速いスピードで次々に判断することが求められる時代になったといえます。その際、武器になるのは「理性の力」です。デカルトはその理性の力を高らかに宣言した人物でもあります。

現代は正確かつ迅速で安価なサービスをお互いに要求し合っている社会でもあります。そうした社会で仕事をしていると、つらいこともたくさん起こるでしょう。そこで重要になるのはストレス対策です。精神の状態を健全に保ちながら生産性を向上させるのは容易ではありませんが、デカルト思考を活用すれば、それも不可能ではありません。

私の友人や知人にも、実際、非常に困難な仕事を日々、混乱することなく、解決したり実行したりし続けている人が何人もいます。

彼らは皆、例外なく、強い理性の力を持っています。合理的に考えて、しかも人に対して気配りできる。自分の感情をしっかりコントロールしつつ、仕事の判断を迅速かつ適切に下すことができます。彼らは意識してデカルト思考を行なっているわけではないでしょうが、結果的には、デカルト思考をしているともいえます。

現代はまた、セクハラやパワハラなどのハラスメントをすると、社会から指弾される時代でもあります。昭和の昔なら通用した〝冗談〟も、今はまったく通用しないことも少なくありません。理性の力を身につけると、ハラスメントを起こすこともなくなるでしょう。

「デカルトなんか、私には関係ないよ」と思う人もいるでしょうが、そういう人にも、この本をぜひ読んでいただきたい。「デカルトの言っていることって、今の時代にも十分当てはまるな」とか、「普通のことを言っているようでも、その普通のことが実はとても大事なんだな」とか、そうした気づきも与えてくれるでしょう。

仕事のみならず、プライベートにおいても、デカルトが提唱している理性の力を身につけ、上手に活用すると、私たちの生活はよりいっそう充実するでしょう。

デカルトはいわば思考の達人です。本書を通じて思考の達人の考え方に出合い、学び、そして実践し、自分のものにしてほしいと思います。活用することを念頭に置きつつお読みいただければ幸いです。

二〇二〇年一月

齋藤　孝

仕事に使えるデカルト思考　目次

第2章

デカルト思考で「考える自分」をつくる
――「理性の力」は仕事に使える！

第3章 論理的思考力が身につく「四つの規則」
――難問は小さく分解せよ！

本文中に使用したデカルトの言葉は、特に断りのないかぎり『方法序説』（デカルト著・谷川多佳子訳・岩波文庫）、『情念論』（デカルト著・谷川多佳子訳・岩波文庫）を原本としたものです。

デカルトの哲学は仕事に使える

四百年受け継がれてきた
「思考の極意書」に学べ！

第1章

デカルトを知らないのは、もったいない！

デカルトというと、何を思い起こすでしょうか。そういえば、高校生のころに習ったなとか、ヨーロッパの哲学者だよねとか、デカルトといえば、やっぱり「我思う、故に我あり」でしょとか、『方法序説』の著者はデカルトだったかななど……。

このような記憶や知識を持っている人が多いように思います。別の言い方をすると、「この程度」ともいえるのですが、この程度の認識の人が多いのも仕方がないでしょう。多くの人は学校を卒業すると、自分の仕事に忙しく、哲学などを学ぶ機会はあまりないと思うからです。

しかし、それでは、いかにももったいない。デカルトを知らないことは、非常に惜しいなと思うのです。

というのも、**デカルトの教えには、現代のビジネスパーソンに有用なものがとても多いからです。デカルトのように考え、行動すると、仕事も人間関係もうまくいき、仕事でつまずくこともない**のに、と考えさせられることがたくさんあるのです。

現代人にどう有用か。ここで一つだけ書くと、たとえばＳＮＳ（ソーシャル・ネットワーキング・サービス）への書き込みです。不確かな噂に基づいた情報や顧客の個人情報などをSNSに書き込んで問題化するケースが近年、しばしば起きています。こうしたことも、デカルト思考を学んでいると防げるのです。

なぜならデカルトは、**注意深く偏見を避けることを説いて、懐疑がいっさいないことに基づいて判断すること**をすすめているからです。

デカルトのこの教えを知っていて、実践できていれば、SNSに不用意なことを書き込んで、誰かに迷惑をかけたり、自分自身や会社が窮地に立たされるようなことは起こりようもないはずです。この一事を取ってみても、デカルトの思考は現代人に非常に役立つと思うのです。

不安と後悔からも脱却できる

デカルトと聞いても、先に書いたように「我思う、故に我あり」と言った人でしょ、というくらいの認識の人も多いでしょうから、デカルトについて少し紹介しておきましょう。

デカルト（ルネ・デカルト）はフランス生まれの哲学者で、数学者でもあります。

一五九六年に生まれ、一六五〇年に亡くなっているので、日本でいえば、安土桃山時代から江戸時代初期に活動した人物といえます。

「世界という大きな書物」から学ぼうとして、各地を遍歴したことでも知られ、「近代合理論の祖」とか「近代哲学の父」などと呼ばれます。精神と物体を独立した存在とする立場をとり、その思想は心身二元論（物心二元論）といわれますが、これに関しては、そう単純ではない部分もありますので、第2章で改めて記します。

デカルトは「理性の力」の重要性を強調しました。たとえば、何か問題が起きたときに、慌てふためくことなく、適切に対処できるようにするにも、理性の力は重要です。**落ち着いて、一つ一つ列挙し、整理して、一つずつ順番に解決していく。このときに力を発揮するのが理性です。**

理性の力のある人は、精神的な強さも持ち合わせています。冷静な判断ができるので、パニック状態になりにくく、自分の悩みですら、一つずつ解決していける力を持っています。

たとえば、会社に行くのが嫌になったとしましょう。「なんかわからないけど、とにかく会社に行きたくない。もう辞めたい。辞めたあとのことは、何も考えられない」。理性の力の弱い人は、こんなふうに考えがちです。これでは、この先、精神的に参ってしまう可能性も高そうです。

一方、理性の力の強い人は、会社に行くのが嫌になったとしても、その対処法は大きく異なります。「僕が今、会社に行きたくないのは、まず第一に、上司のA課長との人間関係がうまくいっていないからだな。もう一つは、今の部署の仕事にあまり興味が持てないからだ。そうであるなら、まずはA課長との接し方を変えよう。意識的に明るく元気に挨拶し、話しかけよう。でも、意見は忌憚《きたん》なく言おう。それから、今の仕事に興味が持てるように、関連のある本を読んで、同僚のB君とCさんを飲みに誘って、ざっくばらんに仕事の話を聞いてみよう」。こんなふうに考えることができます。そうなると、メンタルがやられるといった事態も避けられるでしょう。

デカルトは著書『方法序説』の中で「私は旅に出て、思考の実験をして、ある境地に達した。それで、不安と後悔から一生、脱却できた」といったことを綴っています。「不安と後悔から一生、脱却できた」とは、すごい境地です。将来に対する不安も、過去に対する後悔も、いっさいないというのですから。

これはデカルトだから達することのできた境地と見ることもできますが、彼はその境地に至ることができた理由や方法を自身の著作で子細に記しています。その著作がまさに『方法序説』で、この本を味読《みどく》し、のみならず、実践すると、現代日本に生きる私たちも、不安や後悔から抜け出すことは不可能ではないと思えます。

「西のデカルト、東の武蔵」——吟味・工夫・鍛錬

デカルトは四百年ほど前に活躍した人物です。ほぼ同時期に活躍した日本人で、私が真っ先に思いつくのは、宮本武蔵です。というのも、この二人、かなり似ているのです。「西のデカルト、東の武蔵」と呼びたいほどです。

剣客だった武蔵はもちろんですが、彼のみならず、デカルトも「武士」という感じがします。どういうことかというと、二人とも「迷いがない」のです。孔子の『論語』には「四十にして惑《まど》わず」の言葉が載っていますが、ビジネスパーソンに限らず、現代の日本人は四十どころか、五十、六十になっても、惑っている人が多いかもしれません。

しかし、**デカルトにも武蔵にも、その思考と実践に惑いや迷いはありません。思考が非常にすっきりしていて、すべてを見渡しています。**たとえば、武蔵は著書『独行

道』で〈我事において後悔せず〉と記しています。『五輪書』では、ただ斬ると知れ、といったような記述も見られます。

よくよく吟味すべし、よくよく工夫すべし、よくよく鍛錬すべし――こうした言葉も、『五輪書』にはしばしば登場します。

「吟味」「工夫」「鍛錬」。これらはまさに言うは易く行なうは難しで、言葉としては「吟味いたします」とか「工夫してみます」などと言う人は珍しくないでしょうが、仕事などにおいて日頃から、本当に吟味（内容や品質などを念入りに調べること）したり、工夫（いろいろ考えて、よい方法を生み出すこと）したりしている人はどれほどいるでしょうか。決して多くないのではないでしょうか。「鍛錬」もまたしかりで、修行や訓練を重ねて、日々、精進している人はそうそういないような気がします。

「吟味」「工夫」「鍛錬」はいわば『五輪書』における、あるいは宮本武蔵の思考と実践における「三点セット」です。

デカルトもこの三点セットを用いて、自らの思考を深め、判断力という刀、あるいは技を磨いていきました。

武蔵は『五輪書』で、刀の持ち方や構え、間合いなどを具体的に記していて、『五輪書』は剣術の技術論にもなっています。「五輪」の「空《くう》の巻」は悟りの境地の域で、『五輪書』は剣術と悟りの極意書といえます。

一方、デカルトの『方法序説』も、やはり一種の極意書といえるでしょう。理性を正しく導いて、真理を探求するには、こういう方法がありますよと、『方法序説』では詳しく述べています。

と同時に、『方法序説』をはじめとする**デカルトの本は「思考の極意書」ともいえ、彼の本に書かれてあることを会得すれば、霧が晴れるように、視界がすっきりして、仕事をする上でも、迷いやためらいが大幅に減少する**のを実感するでしょう。

そもそも「哲学は仕事に役立つ」

「そもそも、哲学など役に立たない」と考えている人もいますが、そんなことは決してありません。

哲学を学ぶと、世界の見え方がガラリと変わることがあります。日常の通勤の風景、旅先での景色、政治や経済のニュースのとらえ方、絵画、音楽、スポーツの見え方、仕事への向き合い方などがガラリと変わる。哲学を学ぶと、そうしたことがしばしば起こります。

哲学を学んだことで、ものの見方、さらには、自分の精神が変化するのです。哲学には、私たちの世界観を変えるほどの大きな力があるということです。

哲学というより、これは一種の倫理学ですが、「日本資本主義の父」と評される渋沢栄一は論語の倫理と経営とが根幹で結びついていることを身をもって示しました。渋沢の経営哲学は、著書『論語と算盤』に明らかです。

哲学についてもっと直接的にいえば、かつての政財界のリーダーは戦前の旧制高校（現在の大学教養課程に相当）時代に哲学書もよく読みました。「デカンショ」と呼ばれたデカルト、カント、ショーペンハウエルは必読書で、ほかにもニーチェやドストエフスキーなどの本もよく読まれました。『罪と罰』や『カラマーゾフの兄弟』などで知られるドストエフスキーは小説家ではありますが、彼の文学には、哲学的な思想も多分に含まれています。

哲学を学んだ戦前のエリート層が哲学者になったかというと、そういう人はごく少数で、多くの人は経済の道に進みました。

しかし、学生時代に哲学書を読みふけり、寮生たちと激しい議論を交わした経験は、彼らの血肉になりました。思考や精神力などが鍛えられ、日本経済の発展に大きく寄与することになったのです。

「問い」を持つと思考は深まる

世界的に哲学は何度か流行しています。たとえば、一九六〇年代から七〇年代にかけては、日本を含めて、世界的に哲学書がよく読まれました。このとき、よく読まれたのは実存主義の哲学書です。とりわけサルトルの著作は、多くの学生たちが読みました。

人はなぜ哲学書を読むかというと、一つには、哲学に人の生き方が示されているからです。「自分はどう生きるべきか」、その悩みや惑いへの問いを求め、哲学書を読む場合があります。

さらには、存在論や認識論への興味関心から哲学書を手に取る人も多いでしょう。「この世界はどうなっているのか」「今、この世界がこうであるのはなぜか」といった根本的な疑問に対する答えを求めて、哲学書をひもとく人もいるでしょう。

これらはどれも哲学的な態度です。**いずれも「問う姿勢」を持っています。「問**

う」ことこそ、哲学的といえます。

「問い」は、紀元前の古代ギリシャ時代から発せられていました。ソクラテスやプラトンはもちろんのこと、ソクラテス以前のタレスやヘラクレイトスなども「世界の根源は何か」などを考えました。

「世界の根本は水である」（タレス）とか「万物の根源は火である」「万物は流転する」（いずれもヘラクレイトス）など……。こうしたことを考える動物は、人間以外にはいないでしょう。

そうした、**「そもそも自分というものを成立させている根本は何なのか」「そもそも我々の世界の根源は何なのか」といった問いを持つと、思考は非常に深まるものです。**

一方、次のような態度は哲学的ではありません。「儲かればいいよ」「とりあえず効果があればいいだろう」「根本の理由はよくわからないけれど、うまくいったのだから、それでいいじゃないか」などといった態度です。

これらはかなり表層的な態度で、思考に深みもありません。仮に今、うまくいっていたとしても、この先も果たして順調に歩んでいけるのか、トラブルを回避し、厳しいビジネスシーンを乗り越えていけるのか、それらに対しては疑問符を抱かざるを得ません。

あるいは、次のようなことも、哲学的な態度が身についていないために起こることがあります。たとえば、取引先とどのような契約をするか判断しないといけないのに、ソワソワしてなかなか決められない。あるいは、確たる根拠もなく、なんとなく決めてしまう。「ま、あとは、なんとかなるだろう」などと考えてしまうことです。

周りの人との間で「では、そんな感じで……」といったふうに、物事がフンワリと進んでしまうこともあります。それで、その後、何か問題が起きた場合、誰も責任を取ろうとしなかったり、責任をなすりつけ合ったりする事態が起こることもあります。

哲学を技として身につける

哲学は私たちに生き方を問います。古今の哲学者たちが自己や社会、自然、宗教などと格闘して生み出した知の結晶が哲学です。哲学を机上の学問に終わらせず、哲学の力を活用することで、私たちの人生はよりいっそう豊かになります。

そのためには、**哲学を技として身につけることが大切です。知るだけではなく、実**

践することが重要なのです。実践しないと、哲学は永遠に身につきません。

たとえば、実存主義哲学について、ひととおり説明できたとしても、それほど意味はありません。もちろん、説明できないよりはずいぶんよいのですが、より重要なのは、実存主義を実践していることです。それが哲学を使う生き方です。

実存主義を実践すると、たとえば、ある不条理な状況に自分が置かれたり、重要な決断を迫られたりしたときでも、「自分の未来は自分の選択によって変えることができる」と考えることができるようになります。自分はこの世界に投げ出されているけれども、自分は投げ企てることも、またできると考えるのが実存主義の根本思考です。

これは「被投的投企」といわれる思考で、この世界に投げ込まれた人生（被投性）を、自ら進むべき道の中に投げ入れていく（投企）と考えるのです。**自分の判断で選び取り、歩んでいく。そこには、心意気といったものも必要になります。**

哲学を「選択と決断」に活用する

私の例を少し紹介すると、私は大学を受験する際、どの大学のどの学部に進むか、よく考えました。そのとき、実存主義について多少の知識を持っていて、この哲学をだいたい次のように活用しました。

――選択肢はA、B、C、Dなどがある。そのいずれも、私は選ぶことができる。Aを選べば、この先どうなるか。Bを選べば、将来どうなるか。そうしたことは、まだ何もわからない。未来がわからないのに、大学と学部を選ばないといけない。それで、これはもう、今の時点で完全に決めきることは難しい――という結論に辿り着きました。

そうして、できるだけ高い評価を得ている大学に行ったほうがよいのではないか、選択肢を広く持てる大学と学部もいいだろうと考えるようになりました。さらに熟考して、「世の中で最も価値のあることは何か」に思いを巡らせ、「それは裁判官だろう。それも、最高裁判所の裁判官だ」と、青年期の私は思い至ったのです。

東京大学法学部に進まないと、最高裁判所の裁判官にはなかなかなれないことにも思い至りました。自分にとって最も価値のある仕事をするために、東大法学部に進学する、そのために、東大の文科一類に合格する。そういう目標を掲げました。

若いころの私は、このように自分なりに精一杯考えて、自分の進路を決めました。それは実存主義哲学でもあったわけです。

結果は不合格。浪人後、東大の文科一類、そして法学部に進むことができましたが、結局、裁判官になることはできませんでした。途中で法律家は私の気質に向いていないことに気がついたのです。

ですから、若いころの私の選択と決断は必ずしも成功したとはいえません。大学と学部を選ぶときに、自分の気質をもっと考えればよかったとも思います。

しかし、ここが重要なのですが、私はあのときの自分の選択と決断を決して悔やんではいません。あとから考えると、こうしたほうがよりよかったと思える点はありますが、当時、私は自分で考えに考え抜いて決めたからです。「自分で決めるのだから、人のせいにすることはできない」と思い定めました。この態度は実存主義的であるのだと思います。

デカルト思考で堂々巡りを打破できる

デカルトの哲学ももちろん、大いに役立ちます。具体的には、第2章以降で見ていきますが、デカルト思考を学び、身につけると、モヤモヤした感じや不安定な精神状態から脱却でき、気持ちがシャキッと、スッキリする感じを味わえるようになります。

ビジネスパーソンをはじめとして、現代人は「なんとなく不安」な精神状態になっている人が少なくありません。仕事、お金、家族、健康、職場の人間関係……いろいろなことがなんとなく心配という人がいます。こうしたことに何の心配も悩みもなく、万事うまくいっている人はかなり少ないはずです。

ところが、具体的に何がどのようにどの程度不安なのかと問われると、明瞭に答えられない人も多いのではないでしょうか。よくよく考えてみると、取り越し苦労だったということもあるはずです。

「いろいろなケースを考えてみたのだけど、それでも心配で……」という人もいますが、うまく整理できていなく、堂々巡りの思考をして、不安を増大させているケースもあります。

デカルト思考は、そうした不安や悩みの打破にも効きます。本来向かうべきではない方向に思考が向かって、よけいな悩みを抱えるようなことがないように、筋道を立てて、考えられるようにしてくれます。

思考をスッキリさせ、仕事によりいっそう前向きに取り組めるようになる。そうした効果も、デカルト思考からは学べます。

理性の力は前頭前野を鍛えて身につける

デカルトの代表作『方法序説』や『情念論』などを読むと、「ここに書かれてあることができるようになると、メンタルが強くなれそう」と、ほとんどの人が思うでしょう。それは、気が強いとか、性格的、気質的に強いなどといったこととは関係なく、**訓練して身につける「理性の技の問題」である**ことにも気がつくはずです。

脳の機能でいえば、理性は主に前頭前野が関係しています。前頭前野は人を人らしくしている脳の部位で、思考や記憶、創造性などを担う脳の最高中枢であると考えられています。

一方、脳の扁桃体《へんとうたい》などは不安や攻撃性に関係しています。扁桃体ももちろん大切な部位で、たとえば、人間がクマなどに襲われたときには、扁桃体などの働きでアドレナリンが放出され、対処できるといったことがあります。

しかし、対処すべき相手がクマなどの敵ではなく、もっとずっと理性的に対応したほうがよい相手であった場合は、扁桃体などではなく、前頭前野のほうを働かせたほうがよいことになります。

ビジネスパーソンやスポーツ選手、武道家などは、仕事や試合の場面で、冷静に対応しないと失敗してしまうケースがたくさんあります。過度に不安になったり、慌ててしまったりしては、うまくいくこともうまくいかないでしょう。

デカルトが生きた時代には前頭前野の細かな働きなどはわかっていませんでしたが、今は前頭前野を鍛える方法まで、ある程度はわかっています。その一つは音読で、本などを声に出して読むと、前頭前野が活性化するのです。

デカルトの思考法を学ぶと、理性の働きがいかに大切か、身に染みるようにわかってきます。そして、理性の力をもっと身につけようと思うことでしょう。

部活動の卓球と温泉場のピンポンの違い

「よくよく鍛錬すべし」と、宮本武蔵は繰り返し言っていると書きました。鍛錬することは本当に大事で、人は鍛錬することで大きく成長します。

素質に恵まれているけれど、鍛錬していない人と、素質には恵まれていないけれど、鍛錬している人とでは、後者のほうが勝ることは往々にしてあります。

運動神経はよいけれど、卓球といえば、温泉場のピンポンくらいしかしたことのない人がいるとします。一方、運動神経はよくないけれど、高校の三年間、卓球部で練習にみっちり取り組んだ人がいるとしましょう。この二人が卓球の試合をした場合、絶対的に後者が勝ちます。**練習、訓練、鍛錬というのは、それほどまでに人を成長させるものです。**

私は中学生のときにテニス部に所属していて、運動神経には自信を持ってもいました。しかしあるとき、ショックを受けたことがありました。

同級生の女子の友人と体育館でバドミントンをすることになりました。彼女はバドミントン部に入っていたのですが、バドミントンとテニスはどちらもラケットを使うなど、似たところがあります。おまけに私は運動神経に自信があったものだから、「まぁ、勝つだろう」と見くびって、軽く考えていました。ところが、いざ試合をしてみると、あっけなく負けてしまったのです。

えー、どうして⁉　とそのときは思いましたが、考えてみると、当たり前の話です。私はバドミントンの練習をまったくしたことがなかったのですから。それで、毎日、バドミントンの練習に精を出している人に勝とうということが、そもそも甘い考えだったのです。

理性の力も、鍛錬すれば、伸ばすことができます。素質や性格に頼るのではなく、理性の力とはどういうものかを学び、理解し、身につけられるように実践を重ねれば、誰でもきっと育んでいけるものです。

本書では、「思考の極意書」とも呼べるデカルトの『方法序説』について、第2章から第4章まで解説し、もう一つの代表作『情念論』について、第5章で解説します。『方法序説』により論理的思考力や判断力を、『情念論』により感情コントロール力を養うことができます。この三つの力は仕事をする上で非常に役立ちます。

デカルト思考で「考える自分」をつくる

「理性の力」は仕事に使える！

第2章

1

理性の力はすべての人に備わっている

良識はこの世でもっとも公平に分け与えられているものである。(中略) 正しく判断し、真と偽を区別する能力、これこそ、ほんらい良識とか理性と呼ばれているものだが、そういう能力がすべての人に生まれつき平等に具わっている

『方法序説』デカルト著・谷川多佳子訳・岩波文庫、八ページ

理性をどう使うかが大切である

右の文章は『方法序説』の冒頭に出てきます。この「良識」は、"bon sens"(ボンサンス)の訳語で、「真偽を判断する能力」、つまり「理性」と同義です。デカルトは「良識=理性はすべての人に公平に分け与えられている」と言っているのです。毎日でも音読するに値するほど、とてもよい文章だと思います。

皆、誰しも良識＝理性を持っているのに、私たちの意見が分かれるのは、ある人が別の人よりも理性があるためではなく、私たちが思考を異なる道筋で導いて、同じことを考察していないからだ、とデカルトは言います。そして、よい精神を持っているだけでは不十分で、よい精神をよく用いることが大切である、とも言います。

良識＝理性はみんな持っているけれども、それを適切に使わないと、宝の持ち腐れになるよ、ということでしょう。

「マイルール」で理性を鍛える

『方法序説』からもう少し引用してみます。

〈わたしは若いときから、わたしを考察と格率へ導いたある道に踏み入る多大な幸運に恵まれたと思う。それらの考察と格率（自らの学問、思想や生を導く規準）によって一つの方法をつくりあげたのである。そしてこの方法によって、自分の知識をだんだんに増やし、わたしの人並みの精神と短い生の達しうる最高点にまで少しずつ知識を高める手立てがあると思われた。〉九～一〇ページここでいう「格率」は、行動のルール、行為の基準といってよいと思います。デカルトは、マイルール、マイスタンダードによって、知識をどんどん増やしていったのでしょう。

デカルトは〈わたしの目的は、自分の理性を正しく導くために従うべき万人向けの方法をここで教えることではなく、どのように自分の理性を導こうと努力したかを見せるだけ〉(『方法序説』一一ページ)と、謙遜とも思える書き方をしていますが、デカルトは理性をよく用いる方法を私たちにしっかりと伝えてくれています。

本書においても、デカルトがいかにして理性の力を鍛え、よく用い、自分の人生に役立てていったかを詳述していきます。その中にはもちろん、現代の私たちの仕事に役立つ思考もたくさんあります。

2

考えるから、人は動じなくなる

わたしは考える、ゆえにわたしは存在する〔ワレ惟《おも》ウ、故ニワレ在《あ》リ〕

『方法序説』四六ページ

「世界の原点は自分である」と自覚する

「ワレ惟ウ、故ニワレ在リ」、もう少し読みやすく書くと「我思う、故に我あり」。この言葉は、多くの日本人が知っています。「私は考える、だから私は存在する」ということです。ラテン語の“cogito, ergo sum”、すなわち「コギト＝エルゴ＝スム」もよく知られています。

この「我思う、故に我あり」は、いわば近代の宣言の言葉でもあります。どういうことかというと、それまでのヨーロッパの人々は、世界の創始者である神がまずいて、人がいると考えていました。だから、「自分」もいるという考えです。デカルト以前は「神がいる、だから私は存在する」という価値観だったわけです。

ところが、デカルトは「私は考える、だから私は存在する」と言いきりました。これは「神がいて自分がいるのではない。自分が世界の原点である」と宣言しているようなものです。

「疑っている私」がここに存在している

デカルトは、真と偽を区別するために、疑わしいものをすべて排除していったところ、少しでも疑えば、すべてのことは疑えると考えるようになりました。

しかし、デカルトは〈すべてを偽と考えようとする間も、そう考えているこのわたしは必然的に何ものかでなければならない〉(四六ページ)とも考えました。つまり、**自分はこのことを疑っていて、疑っている私はここに確かに存在すると思い至り、デカルトはこれを哲学の第一原理としたのです。**

デカルトは数学者でもあります。数学には自明な真理として認められている「公理」があります。公理はとりあえず「これは絶対に確かだろう」と考えられているものです。その公理を組み合わせて「定理」を作っていきます。公理や定理といった、原則を一から作り上げたいという思いがデカルトにはあります。

たとえば、目には見えなくても、魂の目では見ることのできる「物事の真の姿」や「ものの本質」を、プラトンは「イデア」と言いましたが、「イデア」と言われても、見たことがないし、それって何とでも言えるんじゃないか、という見方もできます。

イデアに少しでも疑問を抱いたら、その疑問はどんどん膨らみそうだし、イデアを証明することも困難です。そうであるなら、イデアを哲学の第一原理にすることは難しそうです。

「考える自分」がすべての出発点

イデアは一例ですが、ほかには「はじめに言葉ありき」と『新約聖書』に書かれています。これは「神がまず存在して、神が光を与えた」ということでもあります。「神がいる」ことが第一の原理になっていますが、信者は疑いを差し挟みません。

デカルトは、神を否定はしませんが、「神がいる、だから私は存在する」とも言いません。デカルトは、ニーチェのように「神は死んだ」とは言っていないのですが、すべてを疑っている対象の中に、実は密かに神も入れていると考えられます。何しろ、第一原理が「今、疑っている私がいる」ですから。とすると、原理的には、デカルトは神を無化したことになるともいえます。

デカルトは、一方では、独自の方法で、神の存在も証明しているのですが、皮肉なことに、原理的には、キリスト教の神を無化してもいるといえるのです。

イデアでも神でもなく、**拠って立つ第一原理を「考える私」に据えました。**このことの重みは非常に大きいといえます。

一方、現代の私たちも、一人一人、十分に考えることができます。しかし、その「考える自分」が今ここに確かにいると、日頃から明確に自覚している人はどれだけいるでしょうか。

「我思う、故に我あり」は禅に通じる

私たちは誰しも、自分の意志や決意がフラフラと揺れ動くことがあると思います。そうしたときも、**「我思う、故に我あり」の精神を身につけると、そのことを自覚的に感じ取って、判断し、行動しようとしている自分は今、確かにここにいると考えら**

●我思う、故に我あり

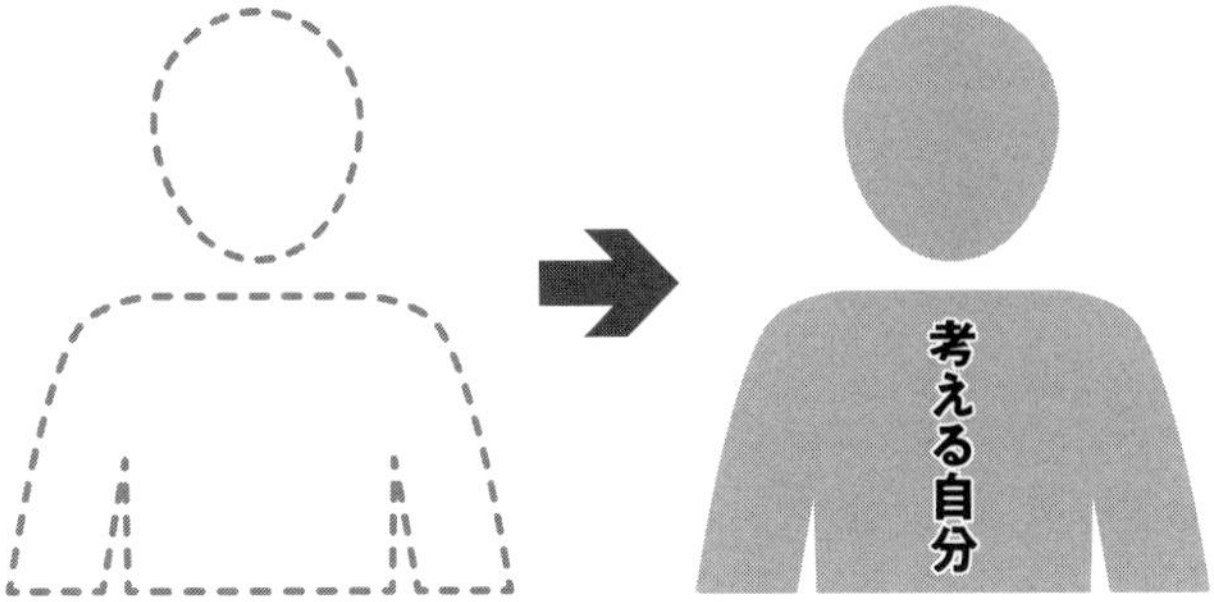

「神がいる、
だから私は存在する」
➡自己の証明があやふや

「私は考える、
だから私は存在する」
➡自覚的に判断し行動できる

れるようになります。

そうした感覚を持てないと、フラフラしてしまったときに、「私って何？」とか「生きている意味ってあるのかな？」などと思って、必要以上に落ち込んでしまいそうです。上司に叱られたときには、「自分には才能も運もない。仕事ではミスして、怒られてばかりだ。もうやってられない」などと自暴自棄になるかもしれません。

私は二十代後半から三十三歳まで無職でした。同窓会に出たときに「齋藤君、今、何をやってるの？」と聞かれ、「いや、実は無職でさ」と答えるのがつらかった記憶があります。自分を証明するものが何もない感じもしました。そのとき「私は今、つらく不安で、いろいろ考えている。そういう私は確かにここにいるんだ」と考えられたら、私の不安も少し和らいだのではないかと思います。

たとえば、会社でリストラに遭った場合、すべてを失ってしまったように思うかもしれません。しかしそれは、自分のアイデンティティの中の一つが失われたにすぎず、失職という重い現実はあるけれど、それを経験し、眺めている自分はここにいて、自分は今、これからのことを確かに考えていると思えると、世界が少し違って見えてくると思うのです。

これは自分のことを明晰に見つめる姿勢ともいえ、禅にも通じます。「観照」という禅語がありますが、これは**冷静な観察と思索から物事の本質を認識しようとすることです。「観照的自己」という言葉もあって、これは何かが起こるのを冷静に観察し本質を認識しようとしている自分のことで、瞑想的な自己でもあります。**

自分の身にいろいろな難題が持ち込まれ、あれこれトラブルも起こる。すると、多くの人は右往左往しますが、それらを**外側から観ている自分を持てると、人は動じなくなります。**

3 すべて自分を原点にして考える

わたしは一つの実体であり、その本質ないし本性は考えるということだけにあ（る）

『方法序説』四七ページ

単純な心身二元論ではない

よくいわれるデカルトの思想の一つに「心身二元論（物心二元論）」があります。精神と身体（物体）をそれぞれ独立した実体と見なす考え方です。心身二元論では、精神の本性は思考で、身体の本性は空間的な広がりであると考えます。

『方法序説』の次の文章を見てみましょう。

〈わたしは一つの実体であり、その本質ないし本性は考えるということだけにあって、存在するためにどんな場所も要せず、いかなる物質的なものにも依存しない〉〈わたしをいま存在するものにしている魂は、身体〔物体〕からまったく区別され、しかも身体〔物体〕より認識しやすく、たとえ身体〔物体〕が無かったとしても、完全に今あるままのものであることに変わりはない〉いずれも四七ページ

これだけ読むと、確かにデカルトは心身二元論的な思考をしているように思えるし、魂（精神）を身体よりも上に見ている印象を受けます。

しかし、彼の『方法序説』や『情念論』を丹念に読むと、そう単純ではないことがわかります。というのも、デカルトは、驚くほど、脳や心臓、血液などのことを学んでいて、いろいろな角度から、精神や身体について論じているからです。それを読むと、心身は密接に結びついていると考えるデカルトの思想も垣間見られます。

デカルトとメルロ＝ポンティの違い

デカルトの思想の一つに心身二元論があるとするなら、その心身二元論と対極にある考え方をしたのが、二十世紀のフランスの哲学者、メルロ＝ポンティです。著書

『知覚の現象学』で、メルロ＝ポンティは心身二元論とはまるで異なる世界観を提示しました。「身体を中心にして、人間をとらえよう」と提唱したのです。

私たちは身体なくしてこの世界を感じることができない。目で見たり、手で触れたり、鼻で嗅いだりすることで、世界を感じたり、考えたりしています。メルロ＝ポンティはそうした点に注目しました。道具であっても、身体の一部のようになることもあります。たとえば、目の不自由な人は、杖の先まで自分の身体のように感じて生きているといいます。熟練したオルガン奏者は、初めて見たオルガンでも、その前に座った途端、自然に身体が動いて、弾きこなすともいいます。身体を中心にして、人間をとらえるあり方は、メルロ＝ポンティに代表される思考です。

メルロ＝ポンティの思考をもとにすると、私たちは意識によって世界とつながっているのではなく、身体で世界とつながっていると考えるほうが自然に思えます。

「世界の中心は自分」と考える

とはいえ、デカルトの思考も、やはり魅力的です。「我思う、故に我あり」は、自分を原点にすることともいえます。この場合の「自分」は身体ではなく、精神です。

●xyzの座標

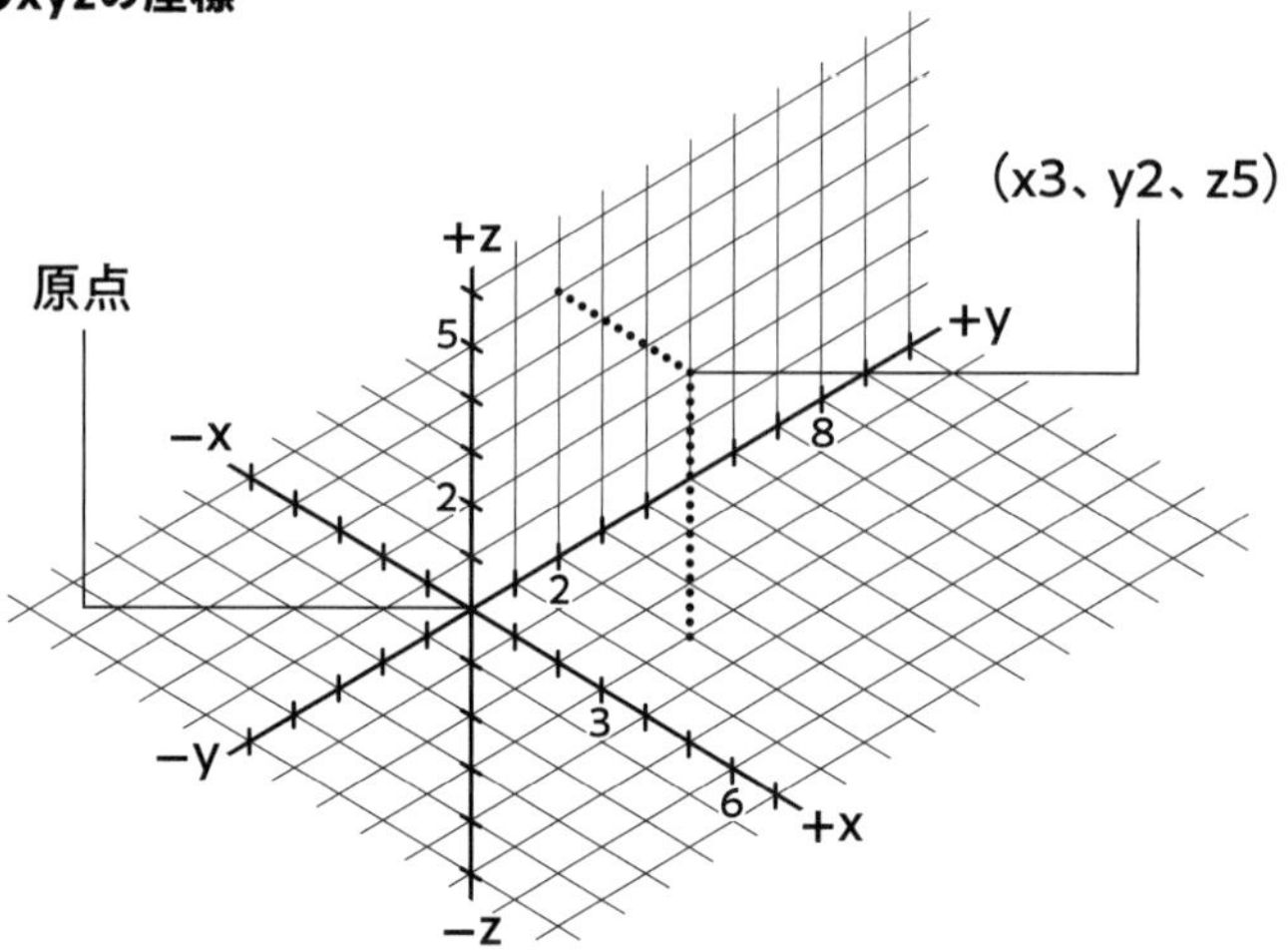

数学で「座標」について習ったことのある人は多いでしょう。座標とは、位置を数値で表す方法です。横の数直線をx軸、縦の数直線をy軸、これら二つを合わせて座標軸といいます。この座標軸（xy軸）で表現される平面を「デカルト平面」ということがあります。平面上の座標の概念を、数学者でもあるデカルトが確立したともいわれているからです。

x軸とy軸が交わる点（交点）が原点で、原点を決めれば、その平面のすべての点をx軸とy軸の座標として確定できます。

このように、座標軸を設定するに

は、原点を定める必要があります。原点を設定することは「私がゼロ地点である」と宣言することに似ていると思います。原点を設定することで座標軸が成り立つように、**私が考えることで私が存在すると考えると、「原点を設定する」ことと「我思う」には共通性がある**と思うのです。

ｘ軸とｙ軸にｚ軸を加えると、自分を原点として、宇宙のすべてのものをｘｙｚの座標で定めることができます。「世界の中心は（神ではなく）私自身だ」という自分中心主義の思想が垣間見られます。

人間はか弱い葦のようなものだが、考える葦でもある

「人間は一本の葦である。しかし、それは考える葦である」というパスカルの言葉があります。パスカルは十七世紀のフランスの哲学者で、数学者、物理学者でもありました。

右のパスカルの言葉は有名ですが、「なんで葦なんだ？」と疑問を持つ人もいるでしょう。葦でなく、ナズナでも、クズでも、タンポポでもいいじゃないか、とか。あるいは、何かの動物でも。ともかく、突然、「葦」と出てくるのが不思議な感じがす

るのです。そもそも「えっ、人間って、葦だったの？　葦じゃないよ」と思う人もいるでしょう。

パスカルが言いたかったのは、世の中で最もか弱い生き物が葦であるとするなら、人間はその葦のようなものであるということです。原文を読むと、ポイントは「か弱い」で、葦をか弱いものの象徴として表しています。葦は頼りなく、はかなげな植物だからです。

つまり、か弱いといわれている葦、その一本のように、人間はか弱い存在であると、パスカルは言っているのです。「人間は葦のようにか弱い存在である。しかし、考える葦である」と訳すと、よりわかりやすいかもしれません。

パスカルは思考することに人間の尊厳を見いだしました。この点はデカルトに似ているといえます。

弱い存在であっても、思考し続けることで、その人の価値や尊厳が生まれる。ただなんとなく、漫然と生きるのではなく、私はいつも考えている、そうして生きている。こうした自覚と実践が大切であることを、私たちはデカルトやパスカルの思想から学ぶことができます。

4

失敗しても全否定しない

古い住居を取り壊すときには、通常その取り壊した材料を新しい家の建築に利用するため取っておく。

『方法序説』四二ページ

再利用できるものは再利用する

思考が整理できていない人の特徴の一つに、一つダメなことがあると、それに関係したすべてを否定してしまうということがあります。たとえば、仕事で何か失敗をしたとき、これまでの自分のやり方のすべてを否定して、ゼロからやり直す。この方法が功を奏する場合もあるかもしれませんが、早計であることも少なくありません。

『方法序説』には次の記述があります。

〈古い住居を取り壊すときには、通常その取り壊した材料を新しい家の建築に利用するため取っておく。それと同じように、自分の意見のなかで、基礎が確かでないと判断したものをのこらず破壊していく場合にも、いろんな観察をし、たくさんの実験を集積し、それらを、後になってもっと確実な意見を打ち立てるのに役立てた。〉四二ページ

言葉を少し補いながら書くと、次のようになるでしょう。

「古い住居を取り壊すときには、古い材料をすべて捨てるのではなく、使えるものは取っておいて、新しい家に活かすのがよい。同じように、自分の意見の中に不確かなものがあれば、それは壊していく（捨てていく）けれども、確実な意見を形作っていく際には、いろいろな観察や実験を繰り返していく中で、不確かな意見も、再利用して、役立てた」

過去に「これは失敗だった」ということがあっても、そのすべてが失敗だったわけではなく、たとえば、五つのうち三つは悪かったけれど、残りの二つに関してはまったく悪くなく、むしろ適切に行なわれていたということもあります。そうであるな

ら、その二つは捨て去るどころか、再利用したほうが賢明です。

冷静な判断ができない人は、極端な思考に陥って、「すべてやり直す！」という発想になることがあります。それはたとえば、家の中の台所が臭い場合、台所全体を壊したり、捨て去ったりするようなものです。冷静に考えれば、においのもとになっている腐ったものなどを捨てて、台所を掃除すればいいだけなのに、台所をつくり換えるという発想をしてしまう。

失敗したから、よくないことが起きたから、用が済んだからといって、何でもかんでも早々と捨て去るのがよいとは限りません。再利用できるものは再利用して、次に活かしていくことも大切です。

5

孤独な時間を持つことで仕事の質は高まる

知人のいそうな場所からはいっさい遠ざかり、この地に隠れ住む決心をした。

『方法序説』四四ページ

情報洪水に疲れている人たち

インターネットなどを通じて、現代の日本人は溢れるほどの情報に日々接しています。それだけではなく、SNSなどを通じて、友人知人、さらには直接的には知らない人たちと、毎日のように接している人も大勢います。

特に**SNSは、自分だけの時間を侵食する性質を持っている**と思います。「SNS疲れ」という言葉もあるように、時間だけでなく、精神的にも消耗している人がいます。

情報洪水やSNSに疲れている人にも、デカルトの言葉は有効です。以下は『方法序説』からの引用です。

〈八年前、こうした願望から、知人のいそうな場所からはいっさい遠ざかり、この地に隠れ住む決心をした。（中略）ここでは、大勢の国民がひじょうに活動的で、他人の仕事に興味をもつより自分の仕事に気をくばっている。わたしはその群衆のなかで、きわめて繁華な都会にある便利さを何ひとつ欠くことなく、しかもできるかぎり人里離れた荒野にいるのと同じくらい、孤独で隠れた生活を送ることができたのだった。〉四四ページ

デカルトは隠遁《いんとん》生活をしていたわけではありません。このころのデカルトはオランダに住んでいました。「この地」とは、オランダのユトレヒト郊外のようです。そこでは、多くの人が活発に仕事をしていました。しかしその中で、デカルトはまるで隠れるように住んでいたのです。

〈孤独で隠れた生活を送ることができた〉と、デカルトは「孤独」を非常に前向きにとらえていることがわかります。都会の便利さを享受しながら、一人静かに黙考する

デカルトの姿が目に浮かぶようです。

SNSから離れることで得られるものは多い

インスタグラムやツイッター、LINEなどのSNSを私はいっさい使っていません。大学教員という仕事上、学生などと連絡を取り合うときにLINEは便利なのでしょうが、それでもやらないことに決めています。

SNSと無縁なおかげで、私は煩《わずら》わされることが非常に少ないと実感しています。東京という大都会に住んでいますが、私のスマートフォンに入り込んでくる人はほとんどいません。私のスマホに誰も連絡してこないから寂しいかといえば、そんなことはまったくなく、静かに集中できる時間を持つことができています。

とはいえ、私はSNSを全否定するわけではありません。仕事で役立てている人もいるでしょうし、自己表現の場として活用している人もいるでしょう。

ただ、SNSをはじめとしたインターネットの世界に時間や精神を侵食されているようでは、その人生はいかにももったいないと思います。また、それらから離れ、何かに没頭する時間を持てれば仕事の質はいっそう高まるはずです。

6

機械と同じでは生き残れない

目の前で話されるすべてのことの意味に応じて返答するために、ことばをいろいろに配列することは、人間ならどんなに愚かな者でもできるが、機械にできるとは考えられないのである。

『方法序説』七五ページ

AI時代をどう生きていくか

デカルトは『方法序説』で機械についても論じています。電化製品どころか、産業革命が起こるだいぶ前にデカルトは人間と機械の違いについて書いているのですから、ずいぶん先見の明があると感じます。

冒頭に紹介した『方法序説』の一節は、次の文章のあとに書かれています。

〈機械がことばを発するように、しかも器官のなかに何らかの変化をひき起こす身体作用に応じて、いくつかのことばを出すように作られていることは十分考えられる。たとえば、機械のどこかに触れると、何を言いたいのですかと質問し、ほかの所に触れると、痛いと叫ぶとか、それと似たようなことだ。〉七五ページ

日本の江戸時代初期、そして、イギリスで産業革命が起こる百年以上も前に、機械が言葉を発することをデカルトは考えていたことがわかります。しかしそれは、意味を考えての返答力や応答力のようなものではない、と彼は考えていました。

デカルトが生きた時代からおよそ四百年後の現在、この問題はＡＩ（人工知能）との兼ね合いで重要な意味を持つと思います。

ＡＩは現在、読解力がどんどん上がっています。ただ一方では、少なくとも現時点では、ＡＩにとって、読解力は非常に難しい分野であるとも指摘されています。自然言語における読解はかなり難しいといわれています。

ＡＩは多くの人の想像を超える速度で進化し続けています。ＡＩを取り上げたテレビ番組を見ると、ＡＩは人の趣味嗜好などをすべて記憶することもすでに可能です。

その趣味嗜好を組み合わせて、「あなたには、これがおすすめです」と、ＡＩがその人に何かをすすめるといったこともできます。この能力は文脈力ということができます。

デカルトは〈ことばをいろいろに配列することは、人間ならどんなに愚かな者でもできるが、機械にできるとは考えられない〉と書いていますが、この能力は文脈力に加え、読解力といえます。

たとえば、ジョークというものを考えたり理解したりするには、文脈力や読解力が求められます。ＡＩがジョークを言ったり、ジョークを聞いて笑ったりするようになったら、「おっ、ＡＩもいよいよ、そこまで来たか！」と、私は思います。すごい段階まで来たな、と。

しかし、そもそもＡＩを進化させるのは人間なので、ＡＩにジョークを理解させようとすれば、いずれはできるようになると思います。

人間ができる限界のこと、あるいはそれ以上のことをＡＩもできるように、専門家は日夜、ＡＩの研究を進めています。人間ができることは、今後ますます、ＡＩもできるようになっていくでしょう。

そういうことを考えると、**AIにできないことを人間がやれるようにしようと考えすぎても仕方のないことで、AIがますます進化していくのに合わせて、各自が柔軟に自分のあり方を変えていくしか道はない**ように思います。

読解力と文脈力は必須の能力

ここまでに書いたことと少し違った見方をすると、AIがいずれ文脈力や読解力まで持つことができるようになるとしても、これらの能力を人間が軽んじてよいわけではありません。**物事や話の脈絡、筋道である文脈や、文章を読んでその意味や内容を理解する読解力に欠けた人は、単純作業のようなことしか任せられなくなる可能性が高くなりそうです。**

たとえば、お客さんが言っている言葉の裏の意味がまったくわからない人は文脈力に欠ける人です。お客さんが「うーん、ピンとこないな」と言ったことを「このお客さんは、何も要らないんだな」と解釈した販売員がいたとします。お客さんの真意が「別の商品を見たい」であったとしても、そのことはまったくわからない。これでは、お客さんは満足のいく買い物ができないし、「この店は頼りにならないな」と思うかもしれません。

こうした人は学生にもいます。ある企業の面接試験のあとに「このままだと落ちるから、こちらのルートからこうやって連絡してくれれば、対処のしようがあるよ」と言われた学生がいました。しかし、彼は「自分はダメなんだ」と思って、その企業に連絡しなかったのです。

私はそのことをあとから聞いて、「それはなんとかしてあげようという助け船だから、連絡しなきゃダメだよ」とその学生に伝えると、彼は「ええっ！」と驚いたのです。「でも、『君はこの面接では落ちるから』と言われたから、もうダメだと思いました」と言うのですが、「いやいや、『こちらのルートから行けば』と言われたということは、可能性はあるよ、と言ってるんだよ」と伝えたのですが、本人は当初、キョトンとした顔をしていました。これも文脈力に欠けているから起きた、意思の食い違いのように思います。

文脈力や読解力を鍛えるには、実生活でいろいろな人とコミュニケーションをとることがまず大切です。

ほかには、**読書も有効です。読書、特に文学作品を読むには、文脈力や読解力がと**

でも求められますから。

一例ですが、太宰治全集を全巻通して読んでみると、これらの能力が相当つくでしょう。太宰治など多くの作家は読解力や文脈力が極めて高いので、それに触れるだけでも、自分の読解力や文脈力はかなり高まるはずです。

私も最近、太宰治全集を読み返していて、そこでまた新たな発見をすることがあります。「飲み屋で給仕をしてくれる娘さんに対しても、こういう分析や解釈もできるんだ」と思ったりしています。

仕事で忙しい人も、行き帰りの電車の中などで小説などを友にすると、作品を楽しめるだけでなく、読解力や文脈力も高めることができ、一挙両得であることは間違いないでしょう。

7

語彙力を磨けば、伝える力が高まる

人間ならばどんなに愚かで頭がわるくても、狂人でさえもその例外でなく、いろいろなことばを集めて配列し、それでひと続きの話を組み立てて自分の考えを伝えることができる

『方法序説』七六ページ

「すごい」「やばい」「かわいい」の多用は危険水域

人間と機械の違いについて論じているデカルトは、人間と動物の違いについても論じています。

デカルトは「人間以外の動物は、どんなに完全で素質がよくても、言葉を集めて配列し、話を組み立てて自分の考えを伝えることはできない」と言います。これがデカルトの考える、人間と動物との大きく異なる点です。

私は犬を飼っているのでわかるのですが、犬にも感情はあります。さらに思考もしています。つまり、あれこれ思いを巡らせ、考えてもいるのです。喜怒哀楽もしっかりあって、喜んだり、怒ったりといった感情も明瞭に表します。共感する能力は、人間以上にあるとも思います。犬以外の動物にも感情があって、思考もしているでしょう。

しかし、デカルトが指摘するように、語彙《ごい》力や言葉の配列力、言葉を使った表現力といったものは、動物は持っていないでしょう。ということは、**見方を変えると、語彙力などの言語能力が減退すると、動物に近くなるともいえます。**

東京スカイツリーを見て「すごい」、スポーツ選手の活躍を見ても「すごい」、あるいは、大変なことが起こると「やばい」、何かおいしいものを食べても「やばい」、さらには、子猫を見ると「かわいい」、黒のロングコートを見ても「かわいい」……。感情表現は「すごい」と「やばい」と「かわいい」しか持ち合わせていないのか、と思えるような人もときおりいます。

これでは〈いろいろなことばを集めて配列し、それでひと続きの話を組み立てて自分の考えを伝えることができ〉ているとは、とうていいえません。そして、これは「危険水域の語彙力」といわざるを得ません。

「古い脳」だけでは、感情をコントロールできない

少年院で少年たちの世話をしている人によると、本を読むことができない少年が多いそうです。漫画のページをものすごい速さで繰るので、「なんでそんなに速いの？」と聞くと、「文字はあんまり読みたくない。絵を見ている」と言う少年もいるといいます。しかし、本をゆっくり読んだり、字をしっかり書く練習を積んでいくと、少しずつできるようになって、だんだん落ち着きが出てきて、心をコントロールすることができるようになっていくそうです。

読み書きは、自分の心をコントロールしたり、理性を鍛えたりするのに役立つのでしょう。反対に読み書きの訓練を積まないと、反射脳や情動脳といわれる「古い脳」だけが活動して、気持ちをコントロールできなくなる可能性があります。江戸時代から「読み書き算盤」というように、人間の理性を鍛えるのに役立つと考えられます。

「青空文庫」を活用しよう

語彙を増やすためには、本を読むことが大切です。本というのは、一人の著者の考

えがまとまって書かれているため、つながりのある言葉を学ぶためにも、とてもよいのです。辞書を見ながら語彙を増やしていく方法もありますが、それは少しイレギュラーなやり方でしょう。

読書は著者の優れた理性の力を言葉を通じてそのまま学ぶことでもあります。だから、良書を読むと、理性と言葉の力を一緒に鍛えられます。

最近は電車で読書をしている人は、めっきり少なくなりました。老若男女、スマホの画面を見つめている人が多いのが現状です。

しかし、スマホでも、「青空文庫」などを使えば、優れた著作をたくさん読むことができます。青空文庫は著作権の消滅した作品などを公開しているインターネット上の電子図書館で、福沢諭吉、森鷗外、夏目漱石、芥川龍之介、宮沢賢治、小林多喜二、魯迅、カフカなどの多くの作品を無料で読むことができます。

私の知る限り、スマホで青空文庫を活用している人は非常に少ないと思いますが、これはいかにももったいない。語彙力を高め、理性の力を磨くためにも、青空文庫はおすすめです。

8

良書を読むことは、過去の偉人と対話することである

すべて良書を読むことは、著者である過去の世紀の一流の人びとと親しく語り合うようなもので、しかもその会話は、かれらの思想の最上のものだけを見せてくれる、入念な準備のなされたものだ。

『方法序説』一三ページ

なぜ本を読まないといけないのか

「なぜ本を読まないといけないのか」という問いに対する答えは、右のデカルトの言葉に集約されているといってよいでしょう。それはつまり、読書は過去の一流の人々と親しく語り合うようなもので、しかもその語らいには、彼らの最上の思想が詰まっている、ということです。

「なぜ本を踏んではいけないのか」という問いに対しても、この答えは十分に有効で

す。本、特に良書といわれるものは、過去の優れた人々の魂そのものといえます。それをないがしろになどすべきではないし、熟読玩味《がんみ》すれば、私たちの血となり肉となるものです。

読書することに疑問を持っている人は、デカルトの右の言葉を何度も読み返し、しっかりと胸に刻み込むとよいと思います。

最近のビジネスパーソンや学生は、一般的に読書量が格段に減っている印象を受けます。かつては電車や喫茶店などで、本を読む人の姿をよく目にしましたが、今はずいぶん少なくなりました。読書の効用などを考えると、とても残念なことです。

デカルトは〈歴史上の記憶すべき出来事は精神を奮い立たせ、思慮をもって読めば判断力を養う助けとなる。〉（『方法序説』一二～一三ページ）とも書いています。歴史を学ぶことで、精神は奮い立ち、それは判断力を養う助けにもなるということでしょう。これは私たちが歴史を学ぶ一つの意義を提示してくれています。

9

「世界という大きな書物」で自らを鍛える

わたしは教師たちへの従属から解放されるとすぐに、文字による学問〔人文学〕をまったく放棄してしまった。そしてこれからは、わたし自身のうちに、あるいは世界という大きな書物のうちに見つかるかもしれない学問だけを探究しようと決心し、青春の残りをつかって次のことをした。旅をし、あちこちの宮廷や軍隊を見、気質や身分の異なるさまざまな人たちと交わり、さまざまの経験を積み、運命の巡り合わせる機会をとらえて自分に試煉を課し、いたるところで目の前に現れる事柄について反省を加え、そこから何らかの利点をひきだすことだ。

『方法序説』一七ページ

旅に出ると、多くの真理を見つけられる

〈文字による学問〔人文学〕をまったく放棄してしまった〉だけを読むと、前に紹介したことと矛盾しているように感じるかもしれませんが、そうではありません。デカルトは、この時点で本は十分に読んでいたのです。彼の中では、次の段階として、旅に出るということです。

今の時代でいうと、バックパッカーのように、世界をこの目で見やろうという思いだったのでしょう。あるいは、寺山修司の『書を捨てよ、町へ出よう』に近い感覚もあるかもしれません。ただし、デカルトは町ではなくて世界に出たわけです。これはデカルトの青春でもあったのだと思います。

デカルトは〈重大な関わりのあることについてなす推論では、判断を誤ればたちまちその結果によって罰を受けるはずなので、文字の学問をする学者が書斎でめぐらす空疎な思弁についての推論よりも、はるかに多くの真理を見つけ出せると思われた〉（『方法序説』一七ページ）とも書いています。

旅に出ると、非常に多くの真理を見つけ出せると、デカルトは主張しています。

デカルトは数年間、ヨーロッパ各地を旅しています。そこで、書物だけでは知ることのできない世間の現実も知り、彼の理性の力や判断力を育むのに、大いに役立ったことでしょう。

書を持ち、旅に出れば、知見が得られる

現代の日本のビジネスパーソンは、デカルトが生きた時代より、はるかに容易に旅に出ることができます。仕事が忙しくて、なかなか旅行できないよ、という人でも、工夫すれば、出かけられることもあるでしょう。あるいは、仕事で出張することもあるでしょう。

そうした場合、デカルトがしたように、**性格や立場、職業の異なるさまざまな人たちと積極的に交わって、さまざまな経験を積んで、旅行先や出張先で出合ったり経験したことから、何らかの知見を得ることは十分に可能だ**と思います。

ただし、そのためには、そうしたことを意識的、自覚的に行なう必要があります。漫然と乗り物に乗ったり、歩いたりしているだけでは、得られることは多くありません。意識を鮮明にして旅する気持ちが大事です。あとから紹介するように、手帳などにメモを取りながら、旅行するのもよいでしょう。

旅は視野を広げてくれます。本を読まない人が増えた昨今、「書を捨て、旅に出よう」より「書を持ち、旅に出よう」を私はすすめたいと思います。

10

先人が到達した地点に行き、さらにその先を目指す

先の者が到達した地点から後の者が始め、こうして多くの人の生涯と業績を合わせて、われわれ全体で、各人が別々になしうるよりもはるかに遠くまで進むことができるようにするのである。

『方法序説』八四ページ

巨人の肩の上に乗る

イギリスの科学者、アイザック・ニュートンは、同じく科学者であるロバート・フックに宛てた手紙の中で、「私がかなたを見渡せたのだとしたら、それはひとえに巨人の肩の上に乗っていたからです」と書いています。ほかにも、ニーチェなども同じようなことを言っています。

これは**「先人の積み重ねた成果の上に新たな成果を築くこと」**などの意味に解され

ています。

学術論文は先行研究を調べて書くのが作法なので、先行研究を無視して、自分が初めて思いついたとしてまとめても、認められません。先人たち、巨人たちのおかげで、今はこの地点まで来ているということを理解した上で新たな説を展開するのが学術論文というものです。ノーベル賞受賞者の成果などは、まさにそうした形で成し遂げられています。

ニュートンはロバート・フックに右のような手紙を出していますが、そのニュートンがいたおかげで、のちの時代のアインシュタインの成果もあります。というのも、ニュートンは、世界は空間と時間が絶対的なものであると考えたのに対して、アインシュタインは、世界は相対的であると主張したのですから。

自分のオリジナリティーであると思っているものでも、どれだけ巨人たちの業績の上に乗っているのか、それらを活用しているのかを考えなくてはいけません。と同時にそれは、見方を変えれば、**私たちは誰しも先人たち、巨人たちの力を活かすことができる**ということです。

先人たちの偉業を学びきる

シンガーソングライターの井上陽水さんはビートルズがとても好きで、ビートルズを徹底的に歌い込んで、自分の音楽の基本を作り上げたようです。

私はときどき陽水さんのコンサートに行くのですが、突然、ビートルズの弾き語りをしてくれることがあります。思わずビートルズがこぼれ出てしまうのだろうな、と観ながら思ったりします。

作家の村上春樹さんも、フィッツジェラルドなど、自分の好きな作家の分析をして、それが自分の文体になっていったようです。

井上陽水さんや村上春樹さんのように、先人たち、巨人たちの、高いレベルのものを心底好きになって、それをこなせるようになると、次に行けるということがあります。

仕事をしていく上でも、教養を積んでいく上でも、先人たちの素晴らしいものを学びきる。そして、少し極端にいうと、ほとんどその人みたいになってみるのです。

青森出身の版画家、棟方志功は「わだばゴッホになる」と言って、「世界の棟方志功」になりました。「ゴッホになる」と言っても、棟方はやはり棟方です。ただし、「世界の棟方志功」になったのです。

これは何を意味するかというと、完コピ（完全にコピー）するくらいの勢いで、その分野の極めて優れた人から学びきると、水準が格段に上がっていくということです。

作曲家のモーツァルトにしても、「言ってくれれば、どの作曲家のスタイルでも、それを弾いてみせますよ」といったようなことを言っています。これはつまり、ほかの作曲家のことをよく学んでいるからこその発言です。

ということは、「天才モーツァルト」ですら、無から何かを生み出したわけではなく、先人たちからすさまじいほどに学んだ先に、彼が生まれたということなのだと思います。

どの業界にも、「巨人」はいるでしょうし、「先の者が到達した地点」はあるでしょう。その人や物事をしっかり学びきることが大切です。

11

仕事ができる人はメモを取る

多少とも重要だと判断するすべてのことを、その真理の発見に応じて書きつづける、しかもそれを、印刷させようとする場合と同じくらいの周到な注意をもって書きつづけることが本当に必要なのである。

『方法序説』八七ページ

書くことでわかることがある

「書く」という行為には、いろいろな効果があります。書いたことを人に見せて伝えられることはもちろんですが、自分自身にとっても、極めて有用な行為です。

頭の中だけで考えているときはいいアイデアだなと思っても、紙に書いてみると、「今いちだな」と思えることも少なくありません。このことは日記やブログ、ツイッターなどを書いている人は実感できるのではないでしょうか。

あるいは、いいアイデアだと思っても、企画書にまとめる段になると、「あれ？ つじつまが合わないな。これだと、矛盾が生じるな」とか「いやいや、こんなんじゃ、とても売れないよ」などと、自分にツッコミを入れたくなるようなこともあるでしょう。話すのと書くのは、思いのほか異なる性質を持っています。話しているときは調子がよかったけれど、書いてみたら全然まとまりのある話ではない、といったこともよくあります。

おしゃべりをしていると、それなりに話せる人でも、書いたものを読むと、意外に思考が浅いことがわかることもあります。たとえば、学生に小論文を書いてもらうと、弁が立つと思っていた学生があまり深い考えを持っていないことがわかったり、逆に、寡黙で何を考えているのかわからないような学生が幅広い知識と深い思考を持っていることがわかることもあります。

先ほど紹介した非行に走った少年などの世話をしている人は、少年たちに文章を書かせると、いらだちが少なくなって、気持ちが落ち着いてくるとおっしゃっていました。**書くという行為は、自分を静かに見つめ、自分と対峙する効果もある**からでしょう。

「書く」のは面倒な行為でもあります。簡単にいうと、疲れます。疲れるということは、それだけエネルギー、とりわけ精神のエネルギーを使っているということです。

そして、思考の真偽が問われる行為でもあり、仕事であれば、たとえば企画の良し悪しの判断をしやすくなる行為でもあります。**筋が通っているかとか、利益が出るかとか、取引先や顧客のメリットは何かなど、書くことで明確になることは多いものです。**

エジソンとアインシュタインの図抜けたメモ力

デカルトは〈多少とも重要だと判断するすべてのことを、その真理の発見に応じて書きつづける〉と書いています。

私もそのとおりだと思います。自分が多少とも重要だと思うことは、すぐに書き留める習慣を身につけるとよいと思います。

私が思うに、人の話をメモを取りながら聞いている人は、優秀である場合が多いし、話しているほうからすると、信頼を置けます。もちろん、状況などにより異なりますが、仕事で打ち合わせをしている場合などは、メモを取りながら聞いている人のほうが優秀で頼りになると感じるものです。

手を動かしメモを取ると、意識が明瞭に働き出します。ただ聞いているだけのときに比べ、意識が鮮明になり、書きながら、自分の意見やアイデアが浮かんでくることもよくあります。

発明王のエジソンと理論物理学者のアインシュタインは、いずれもメモの量が圧倒的に多いことでも知られています。

エジソンのアイデアのメモの量は膨大で、関係者が今も整理を続けているそうです。アインシュタインのメモ量もずいぶん多く、彼には子供を乳母車であやしながらメモを書き続けていたという逸話もあります。この二人の圧倒的な知識と創造性の源泉の一つにメモがあったことがわかります。

私もメモをよく取ります。電車に乗っているときはもちろん、映画館で映画を観ているときでも、「あっ、そうだ！」などと、何か思いつくと、すぐにメモを取ります。館内は暗いので少し大変ですが、メモしておかないと全部忘れてしまう可能性があるため、すぐに書き留めるのです。水面に飛び出てきたトビウオを瞬時に捕まえる感覚に近いでしょうか。そうしないと、トビウオはまたすぐに海面下に潜ってしまいますから。

手書きとスマホの両方を活用する

思いついたことをその場でメモする人は少ないように思います。それでは、せっかくいいアイデアが浮かんでも、すぐに忘却の彼方に行ってしまいます。これはいかにももったいない。

メモをまったく取らない人は、ちょっときつい言い方ですが、どれだけボーッと生きているんだ、という気もします。

メモを取る際は、手帳やノートなどの紙にボールペンなどで書くのと、スマホのメモ機能などに打ち込むのと、どちらも活用するとよいと思います。手書きすると、脳機能が活発化しやすいという研究もあるので、スマホやパソコンだけではなく、手書きでメモする習慣も持ったほうがよいでしょう。

電車やバスの中で、本を読んだり、メモを取ったりする習慣ができると、業務の改善策が浮かんだり、企画のアイデアが思いついたりする上に、それらが有機的につながっていくことも実感できるようになると思います。

12

学び続けることで、人生はひらける

わたしはまだ学びうるという希望を捨てていない

『方法序説』八八ページ

「真理の大海」が広がっている

当時、最高レベルの知識人だったデカルトは、まだまだ学びたいという思いを持っていました。〈学びうるという希望を捨てていない〉からは、そうした気持ちが伝わってきます。さらには、学ぶのに遅すぎることはない、という意味も含んでいるといえるでしょう。

この言葉の直前には〈今までわたしが学んだわずかばかりのことは、わたしのまだ知らないことに比べればほとんど無に等しい〉とあります。

ニュートンもこれに似た言葉を残しています。「目の前には手も触れられていない真理の大海原が横たわっている。しかし私は、その浜辺で貝殻を拾い集めているにすぎない」といった言葉で、「真理の大海」と言い表されることもあります。

デカルトやニュートンにしてこの言葉というべきか、デカルトやニュートンだからこそのこの言葉というべきか、広大無辺な真理を前にした、彼らの謙虚な姿勢がうかがえます。

学ぶと、自分が変わる

『方法序説』には、次の文章もあります。

〈諸学問のなかで少しずつ真理を発見していく人は、金持ちになり始めた人が、まえに貧乏だった頃はるかに少ない利を得るのに費やした労力にくらべて、少ない労力で大きな利を得るのと、よく似ている〉八八ページ

現代の日本人にはとっつきにくい文章ですが、〈諸学問のなかで少しずつ真理を発

見していく人〉を「学び続けて、真理を発見していく人」と解すると、そういう人は、金持ちが少ない労力で大きな利益を得るのに似ている、ということでしょう。つまり、学び続けると、利益になること、プラスになることがたくさんありますよ、ということです。

日本では、高校や大学などを卒業すると、「勉強する」ことが少なくなります。日々の仕事に忙しく、勉強時間を持つのが難しい人も多いでしょう。

読書の習慣がある人や、資格試験や検定試験に向けて勉強をしている人は、日々、学んでいる感覚を持つことができるでしょうが、ゲームをしたり動画を見たりといったことばかりしている人は、学んでいる感覚を持つのは難しいかもしれません。

「学ぶ」とはそもそも何かというと、「知らないことを知る」ということです。「年金はこのような仕組みになっているのか」とか「これがソ連が崩壊した原因だったのか」とか「ここの地層はこういうふうになっていたのか」など、知らなかったことを知ることは、まさに学ぶ行為です。

あるいは、たとえば、何々流の礼儀作法の教室に入ったとします。すると、それ以前のだらしない自分が徐々に着実に変わっていった。これも学びです。

学ぶと、新たな発見に出合え、それによって、思考がひらけ、自分がよいほうへ変わっていける。学び続けることで得られる刺激や成長は大いにあります。

会社は「学びの場」でもある

会社というところは、実はそれ自体が学びの場でもあって、会社は教育の場にもなっています。

私は大学教員として大学生をかれこれ三十年近く、企業などに送り続けています。その経験からいうと、ずいぶん未熟に思えた学生も、会社に勤めて三年もすると、すっかり見違えます。この変化、成長は、会社の教育によるところが大きいのだと実感しています。

会社では、挨拶の仕方から電話応対、メール文の書き方、仕事の段取りのつけ方、商談の進め方、顧客に対する対応法、上司への報告法など、実に多くのことを学ぶことになります。

仕事にある程度慣れたころには、会社によっては異動があります。**この異動というのも、ビジネスパーソンとして、その人を鍛えてくれるものだ**と思います。新たな仕事をまた一から理解し、覚えるのは大変でしょうが、それがその人を成長させてくれる機会にもなります。

たとえば出版社の場合、会社によっては、編集畑が長かった人がいきなり営業に行くことになったり、営業部に長年いた人が総務部に異動になったりすることがあります。

そういう異動に不平を言う人もいますが、私が知っているある編集者はそうしたことを苦にせず、むしろ楽しんでいる様子でした。彼女は編集部から資材部に異動になったのですが、「本や雑誌の紙のことを学べて楽しい」と話していました。

出版社は編集業務に憧れて入社する人が多いので、その部署から外れることを概して快く思わないのですが、彼女はまったく違っていて、出版社の仕事すべてに興味を持っているようでした。「これからの仕事も楽しみです」と明るく話す顔を見て、立派な人だなと感心しました。

会社などにあって、自分のやりたいこと、得意なことだけをするというのも、一つのあり方ではあります。それを否定はしませんが、自分で異動を決められない現実もあるとすると、新たな場で、新たなことを学び、吸収していくという姿勢を持つことが成長につながるはずです。

趣味で学べることもたくさんある

大学教員にもいろいろな役職があって、面倒な用事を割り当てられることもあります。雑用に見えるこの面倒くさそうな役職も、やってみると学ぶことがあるものです。学者の場合、ある意味、自分の研究だけをしていたほうが楽なのですが、大学という組織で働いている以上、誰かが何かを担当しないと組織は回りません。そうした役職を経験したおかげで、これまでわからなかった世界を知ることができ、新たな学びを得られることもあるのです。

学びの場は社内外にもたくさんあります。たとえば、趣味でダンスを習うとか、子供たちに野球を教えるなど、そうしたことで得られる学びもあるでしょう。

私は五十歳から数年間、若い先生についてチェロを習ったことがあります。それは新たな経験で、とても新鮮で、気持ちが若返る感じもしました。

仕事であっても、仕事以外であっても、「学びのある人生」を生涯続ける気持ちを持つと、人生はいっそう充実するはずです。

13

人から学ぶより自分で学ぶ

ほかの人から学ぶ場合には、自分自身で発見する場合ほどはっきりものを捉えることができず、またそれを自分のものとすることができない

『方法序説』九一ページ

受け身では身につかない

「その分野の極めて優れた人から学びきると、水準が格段に上がっていく」と、私は前に書きました。そのことと、デカルトのこの言葉とは違っていますが、ここでデカルトは、**ほかの人から教えてもらうよりも、自ら主体的に学ぶことの大切さを訴えているる**のだと思います。

〈先の者が到達した地点から後の者が始め〉（『方法序説』八四ページ）るためには、先人たちがなしえたことを学ぶ必要があります。しかし、学ぶ姿勢としては、自分自

身で学ぶことが大事だということです。

確かに、仕事で新たな知識や技能を身につけるとき、人から教えてもらおうとする姿勢ばかりでは、いつまで経っても、その知識や技能は身につかないでしょう。**主体的、能動的、積極的に、自分のものとする態度を持つことが必要です。**

それに、自分が主体的に学んで得た知識や技能には、愛着がわくものです。「私はこれだけがんばって、この知識や技能を得たんだ」という誇りも持てます。

「自分自身で発見する」姿勢を持つ

ある男子学生に「体格よくなったね。何かしているの？」と聞くと、彼は筋トレをしていると話してくれました。詳しく聞いてみると、いろいろな本なども参考にしつつ、どうしたら筋肉質な身体にできるか、工夫しながら筋トレをしているということでした。彼は〈自分自身で発見する〉気持ちを持っているのです。

ほかにも、たとえば非常に人気の高いブログを書いている学生がいます。人気の秘密を聞いてみると、写真の撮り方や画像の載せ方、文章の書き方などをずいぶん工夫しているのがわかりました。この学生も〈自分自身で発見する〉姿勢があるといえるでしょう。
仕事でも、受け身ではなく、自ら学び、自ら工夫する姿勢がとても大切なのです。

14

絶えず「新しい工夫やアイデア」を持って、実践する

もしもわたしが若いときからすでに、後になってその論証を探求したすべての真理を人から教えられ、それを知るのになんの苦労もしなかったとしたら、それ以外の真理を知ることはなかっただろう。少なくとも、真理の探究に専心するにつれて獲得した、たえず新しい真理を見いだす習慣と能力――わたしはそれを現に持っていると思う――を得ることはけっしてなかっただろう。要するに、ほかのどんな人が取り組んでも、それを始めた当人ほどにはうまく完成されない、というような仕事がこの世にあるとすれば、それこそわたしがいま苦労している仕事なのである。『方法序説』九五ページ

優秀なタクシードライバーは常に工夫し、研究している

〈新しい真理を見いだす〉ことは非常に大変です。しかし、この〈新しい真理〉を

「新しい工夫やアイデア」に読み替えると、こういうこともあると、思い当たるふしがあります。**「新しい工夫やアイデア」を生み出すことを自らいつも心がけている人は、仕事においても、周りの信頼を得るものです。**

たとえば、優秀なタクシードライバーの方々は「この道は何時から何時ごろは混んでいるけれど、何時から何時ごろは空いています」とか「今日は金曜で、今は何時なので、こちらから行ったほうが早く着きます」とか、的確なことを言ってくれます。

私がたまたま裏道を知っているケースでも、そのドライバーも知っていて、二人で意見が一致することもあります。私はその裏道が私の近所だから知っているだけですが、その人は東京中の道々に精通しているようなのです。東京の道路網は複雑ですから、これは大変なことです。

一方では、乗った瞬間に「道がよくわかりませんので、よろしくお願いします」といきなり言うドライバーもたまにいます。職に就いてまもないころは仕方がないでしょうが、着くのに時間がかかって、料金が高くなったりすることもあります。

誰に何を言われなくても、工夫や勉強をして、実力を高めている人には、それ相応の評価があってしかるべきではないかと思うのですが、道路をよく知らないドライバーのほうが売上げが多いとすると、合点がいかない気持ちにもなります。

細かな工夫が日本ラグビーを躍進させた

ラグビーやサッカーでも、強いチームは「スクラムはこう組んだほうがいい」とか「どこからどう攻め上がるか」などと、絶えず工夫しているはずです。

たとえば、ラグビーの日本代表チームのスクラムは、コーチに長谷川慎さんが就いてから、足を置く位置や角度など、事細かに研究していったそうです。その成果として、「押されないスクラム」を組めるようになったのです。細かいところまで〈新しい真理を見いだす習慣と能力〉が長谷川コーチにはあったのでしょう。そして、選手たちもそれに倣《なら》って、〈新しい真理を見いだす習慣と能力〉を学んでいったのでしょう。

このスクラムの改良などによって、二〇一九年のラグビーワールドカップで、日本代表チームは大活躍できたのだと思います。そして、工夫し続け、挑戦し続け、結果としてベスト8まで勝ち進んだ日本代表チームに、多くの国民が感動したわけです。

「新しい工夫やアイデア」を積極的に提案する

〈たえず新しい真理を見いだす習慣と能力――わたしはそれを現に持っていると思う〉とデカルトは自信をのぞかせています。実際、その「習慣と能力」をデカルトは、さまざまな場で発揮したはずです。

私が勤める明治大学にも、新しい工夫やアイデアを考え、それを提案した学生がいます。

その学生はある企業にインターンシップ（就業体験）に行った際、「ここのコンピューターのこのシステムが少しずれているので、うまく作動できないのだと思います。ここはこのように変えたほうがいいです」といった提案をしてきたといいます。

見方によっては、生意気に受け取られる行為かもしれませんが、その会社に採用されました。「新しい工夫やアイデア」をその会社の人も望んでいたのでしょう。

「絶えず新しい工夫やアイデアを見いだす習慣と能力」を持って、実践している人は、どの仕事でも、どの職場でも、力を発揮するでしょう。

15

討論の目的は勝つことではない

わたしは、学校で行われている討論というやり方で、それまで知らなかった真理を何か一つでも発見したというようなことも、見たことがない。というのは、だれもが相手を打ち負かそうと懸命になっている間は、双方の論拠を考量するよりも、真実らしさを強調することに努力しているからである。

『方法序説』九一ページ

得意に語って恥をかいた、私の体験

対話すること自体が悪いわけでは、もちろんありません。デカルトがここで言いたいのは、議論を戦わせて、相手を打ち負かすようなことです。

討論といわれるものの中には、相手をつぶしたり、相手を言いくるめたりする側面があって、それでは真理は発見できない、と言っているのでしょう。ですから、互いの意見を尊重し、互いの論拠をはっきりさせた上で、議論することまでは否定しないと思います。

私自身、討論というものの限界を感じたことがあります。昔、小学生のときの授業で、天秤の左右におもりを載せて、中央からどの距離ならバランスが取れるか、という問題がありました。

その問題に対し、幾つかの答えの案があって、私はA案を主張しました。「これこれこういうわけで、答えはA案です」。話し上手だったこともあって、私は得意になって自説を展開しました。みんな、「うんうん、そうか、そうなんだ」という表情で聞いてくれていました。

しかし、一人「僕はB案だと思います」というクラスメートがいました。そのクラスメート以外は、全員、私のA案に賛成でした。

「では、実験してみましょう」。先生がそう言って、実験してみると、答えはB案のほうでした。エー、そうなんだ。カッコ悪いなぁ……。得意満面で話していた分、私は恥ずかしい思いをしたと、今も強く記憶に残っています。

雄弁な人が正しいわけではない

間違えていることを雄弁に語り、それに多くの人がついていく状況は危ういことです。

声は小さく、語りが苦手な人でも、正しく適切なことを主張している場合は、もちろんあります。一方、声が大きく、語りが達者であっても、間違いや不適切なことを主張している場合も、もちろんあります。

声が大きく、不適切なことを言う人に引っ張られると、たとえば、戦争に巻き込まれるといった悲劇が起こることもあります。

対話したり、議論したりすることは大切ですが、討論で勝ったからといって、勝ったほうが正しいとは限りません。

「討論というやり方で、それまで知らなかった真理を発見したことはない」と断言するデカルトは、相手を打ち負かそうと懸命になって、自説の正しさを強調するだけになりがちな討論に疑問を抱いていたのです。デカルトのこの指摘を知った上で、討論はよりよい道を見つけるために、冷静に行なうべきものでしょう。

16

あらゆることに注意を払って、検証する

一人で闇のなかを歩く人間のように、きわめてゆっくり進み、あらゆることに周到な注意を払おう。そうやってほんのわずかしか進めなくても、せめて気をつけて転ぶことのないように、とわたしは心に決めた。以前わたしの信念のなかに滑り込んでいた、理性によって導き入れられたのではない意見をすっかり棄てることを始めようとも、思わなかった。その前に十分時間をかけて、とりかかった仕事の案を立て、わたしの精神が達しうるすべての事物の認識に至るための真の方法を探求してからだと思ったのである。

『方法序説』二七ページ

不十分な検証で決めつけない

右の文章は少しまどろっこしいですが、デカルトはここで、真理を探求するための

方法を示しているのです。

「闇の中を歩くように、ゆっくりと、十分に注意しながら進んでいこう。理性によって導かれた物事でなくても、十分に検証して、本当に適切かどうか、本当に必要かどうか、見極めていこう」と意訳してもよいでしょう。

今の世の中、偏見やフェイクニュースが蔓延しています。たとえば、イスラーム教徒の過激派がテロを起こすと、「イスラームは危険だ」といった意見がインターネット上に溢れ返ります。「イスラームの過激派＝イスラーム教徒」と思い込む人もいますが、それはあまりに短絡的です。世界の大多数のイスラーム教徒はテロを起こしてもいないし、過激派に属してもいないのですから。

国内でも、何かの事件が起こると、「あいつが犯人だ！」と勝手に特定されて、ネット上にその人の名前や写真が載せられることがあります。しかしのちに、真犯人は別の人だった、ということもしばしば起きています。

これらは真理を探求するために、あらゆることに注意を払っているとはいえません。

一部の発言を切り取るのは危険

マスコミによって、ある人物の一部の発言だけが切り取られて、そこだけが繰り返し報道されることがあります。その一部分だけを聞くと、問題発言だったとしても、その前後の発言とつなげると、不適切ではなかったということもあります。これは公正なあり方ではないし、メディアは発言を十分に検証できていないといえます。

たとえば、私が講演会で話しているのを誰かが録音していて、文脈とは切り離して、ある一部分だけをネット上などに流されたら、もしかすると問題発言と指摘される発言があるかもしれません。

話の前後も聞いてもらえば、たとえば「○△□はよくない」と言ったことの意味を理解してもらえるのに、「○△□はよくない」だけを切り取られると、「単純な○△□批判」や「○△□への文句」と受け取られてしまう可能性もあるでしょう。私としては、それはちょっと待って、公平じゃないよ、と思ってしまいます。

ただ、現代においては、誤った情報が氾濫しているという現実もあります。それはデカルトが言うところの「闇の中」に通じるかもしれません。

今の世が間違った情報、不確かな情報、あるいは偏見がたくさんある「闇」だとしても、自分はあらゆることに注意しながら進んでいく。その姿勢が大切です。

17

健康を維持して、仕事に邁進する

健康はまぎれもなくこの世で最上の善であり、ほかのあらゆる善の基礎である。

『方法序説』八二～八三ページ

身体が健康だと精神も健康になる

健康はもちろん、今の私たちにとって、非常に重要な問題です。身近な例を一つ出すと、風邪を引いて、咳と痰が出て、熱が三八度もあるようでは、しっかりした仕事など、できるものではありません。周りにも迷惑をかけます。重い病気になると、それはそれで、また大変なことになります。

今の私たちにとって、健康は大きなテーマですが、四百年も前のフランス人が、これほどまでに健康について重くとらえていることに、興味を持つ人は多いのではないでしょうか。『方法序説』に〈精神でさえも体質と身体器官の状態とに多分に依存している〉（八三ページ）という記述もあります。ここを読むと、デカルトはやはり、単純な心身二元論者ではないといえそうです。

精神も身体の健康に依存しているということは、**身体を健康に保つと、精神も健康に保てる可能性がある**、と解釈することもできます。デカルトは、身体の健康と精神とは密接な関係があると指摘しているのです。この点、確かにそうでしょう。

「運動する」「ご飯を食べる」と不安が和らぐ

ビジネスパーソンも、可能であれば、運動を続けるのがよいと思います。定期的に運動をしていた人が運動をやめると、うつ気味になることがあります。ジョギング、水泳、筋トレ、ラジオ体操、バスケットボール……何でもいいので、適度な運動を続けると、リフレッシュすることができます。

私は中学、高校時代と運動部に所属していました。しかし、中三になって大会が終わると、部活動をやめて、受験勉強に集中しました。すると、それ以降、うつ気味の日々を過ごすことになってしまいました。同様に、高三になって大会が終わると、部活動をやめて、受験勉強に集中しました。すると、またうつ気味になってしまったのです。

これに対する私の治療法は、運動をすることでした。身体を動かして、スポーツをしたりすると、晴れやかになって、うつ状態から脱却できたのです。

大学生のときには、すべての風が自分の身体を通り過ぎていくように、世の中を空しく感じていた時期があります。「これは実存的な不安なのかも」と思ったりしていました。そのころは、ややもすると、食事をするのさえ忘れるありさまでした。ところが、ご飯を食べたら、途端に風が身体の中を吹き抜けることがなくなって、実存的な不安も和らぎました。

当時、私は食を軽視していたのです。食べることもよりももっと大切なことがある、少しくらい食べなくても構わないだろうと思っていたのです。

しかし、ご飯をしっかり食べただけでも不安が和らぐ体験をすると、精神と肉体とはやはり密接につながっているのだと実感するのです。

自分に合う健康法を見つけ、実践する

身体の状態を整えるには、温泉に入るのも効果大です。温泉旅館に行ったときのことを思い出すとわかりやすいと思いますが、温泉場で不機嫌になっている人は、まずいないでしょう。みんな、機嫌のよさそうな表情をしています。これは身体の状態が温泉状態になって、それが気持ちにも伝わっているのだと思います。

気分というのはとても重要で、同じ人であっても、気分によって思考が変わります。**気分が悪いときは、思考に悪影響が出て、仕事においても、誤った判断をしてしまうこともあるでしょう。ということは、日頃から、できるだけ上機嫌であることを心がけることが大切なのです。**

上機嫌を保つためにも、温泉は有効ですが、温泉旅館にしょっちゅう行けるわけではありません。もっとずっと手軽なのは、自宅のお風呂に入ることです。それだけでも、気分は朗らかになって、機嫌もよくなります。お酒が好きなら、飲酒も適度な量であれば、気分を朗らかにしてくれるでしょう。

身体の状態が気分につながり、それが思考の基盤にあると自覚することが大切だと思います。その点、現在では健康法としても愛好されているヨガ（ヨーガ）もおすすめです。私は二十歳前からヨガの本を読み始め、道場に通って、実際に取り組んだここともあります。

ヨガは身体の〝状態感〟を作るものでもあって、どういう姿勢をすると、どういう気分になるのかとか、どのように手を結ぶと、どんな感じになるかなど、そうしたことも、ヨガを行なうと実感できます。

ヨガで特に重要なのは呼吸です。深く吸って吐く行為の中で、今を生きることを感じ取り、つまらない考えや要らないものを吐き出すイメージで息を吐き出すと、気を整えることができます。

それぞれが自分の健康について、「こうすると健康になれる」「このリズムで生活すると調子がいい」といった自分のスタイルを持つと、心強いようにも思います。

私の場合は、夜十時前に、スポーツジムで軽く運動をして、お風呂とサウナに入ってから水分をとる、という四十分ほどのサイクルがあります。これをすると、心身がゆったりと落ち着きます。

〈健康はまぎれもなくこの世で最上の善である〉とするデカルトの意見に異論がある人でも、仕事をする上で健康が大事であることに異論はないでしょう。楽しく元気に仕事をするためにも、それぞれ自分の健康法を見つけるとよいのではないでしょうか。

論理的思考力が身につく「四つの規則」

難問は小さく分解せよ！

第3章

18

思考は四つの規則で整理できる

法律の数がやたらに多いと、しばしば悪徳に口実をあたえるので、国家は、ごくわずかの法律が遵守されるときのほうがずっとよく統治される。同じように、論理学を構成しているおびただしい規則の代わりに、一度たりともそれから外れまいという堅い不変の決心をするなら、次の四つの規則で十分だと信じた。

『方法序説』二八ページ

証明できる事柄以外は受け入れない

この第3章では、デカルトの思考法を詳しく見ていきます。その要点は四つある、四つあれば十分であると、デカルトは書いています。一〇や二〇も並べずに、四つで十分とするところがいかにもデカルトらしいです。必要十分の内容に絞り込んでいるのでしょう。

その四つを整理すると、次のようにまとめることができます。

①**明証性の規則**…根拠や証拠を明示して、証明できる事柄以外は受け入れない。注意深く考えて、速断と偏見は避ける。

②**分析の規則**……難問を理解するために、その難問を小さく分割する。

③**総合の規則**……思考は順序立てて進める。単純なものから複雑なものへと思考していく。

④**枚挙の規則**……最後に、すべてを列挙して、見落としがないか、再検討する。

この四つの規則を理解し、身につければ、論理学は十分で、論理的思考はできると、デカルトは言っています。

それだけではなく、**この四つの規則をしっかり身につけ、実践できるようになると、情報に的確に向き合えるようにもなるし、仕事の改善、業務の改革にもつながる**と、私は思います。

次から、四つの規則を一つずつ見ていきましょう。

19

［明証性の規則］速断と偏見を避けて、明晰に判断する

第一は、わたしが明証的に真であると認めるのでなければ、どんなことも真として受け入れないことだった。言い換えれば、注意ぶかく速断と偏見を避けること、そして疑いをさしはさむ余地のまったくないほど明晰かつ判明に精神に現れるもの以外は、何もわたしの判断のなかに含めないこと。

『方法序説』二八ページ

軽率な判断を避ける

右のデカルトの文章は「明証性の規則」と呼ばれています。

偏見はともかく、速断（速やかに判断すること）自体が悪いわけではないですが、思慮に欠ける、軽率な判断は避けなくてはいけません。

私はコメンテーターとして二十年近くテレビ番組に出ていますが、私の発言が問題

になったことはほとんどありません。それは、慎重に注意しつつ、発言することを心がけているからだと思います。

たとえば「この事件について、今の時点ではこう見えるから、多分こういうことだろう」と思っても、そのまま話すと、翌週には、風向きがガラリと変わっていることもあります。そうした事態も予測せずに、安易な発言をすると、批判を浴びることになります。

それでも「現時点での情報をもとにすれば、こういうことではないか」などという言い方ならまだよいのですが、その後、まったく異なる情報が出てきて、自分の発言が間違った情報に基づいたものであった場合、さらに大きな批判を浴びる事態になることもあります。〈注意ぶかく速断と偏見を避けること〉は、コメンテーターの場合、必ず求められるものだと思います。

個人としての発言も公の発言として判断される

ＳＮＳが普及している今、多くの人が見たこと、感じたこと、考えたことを日々発信しています。

その中には、仕事に関することを発信している人も大勢います。中には「ここでの発言は私が所属している組織とはいっさい関係ありません」と書いている人もいますが、内容が仕事や顧客、取引先に関することの場合、「所属している組織と関係してるじゃないか」と受け取る人もいるでしょう。

「公人」とは、一般的には公務員や議員など、公職に就いている人のことですが、とらえ方を変えて考えると、仕事をしている人は全員、公人ともいえます。「このSNSは個人として発信しています」と書いていたところで、内容が業務に関することであれば、それはその人が所属する組織の発言と受け取られかねないのです。私人としての発言であっても、公的な発言になりうるということです。

SNS時代の今、すべての人が発信力を持てるようになりました。ということは、すべての人が自分の発信に責任を持たなくてはいけなくなったということでもあります。〈注意ぶかく速断と偏見を避ける〉姿勢が今の私たちには求められています。

メディアの報道を是々非々で判断する

〈わたしが明証的に真であると認めるのでなければ、どんなことも真として受け入れない〉〈注意ぶかく速断と偏見を避ける〉ことをしっかり理解できていると、情報を取り入れる姿勢も変わってきます。

たとえば、新聞やテレビのニュース番組に対して、「この記事を書いているのは○×新聞だから、信用できない」とか「△▽局の番組はダメだ。偏向している」などと考える人がいます。

しかし、その考えは明証的に真なのか、偏見ではないのか、と考えると、明証的に真であるとは思えないし、偏見である場合もあるように思います。

大切なのは、**○×新聞だからよくない、△▽局だからダメだ、と考えるのではなく、記事なり番組なりを是々非々で考えることです。一つ一つ、よいことはよい、悪いことは悪いと、個別に判断する姿勢が肝要です。**

「この記事は一方の側からだけしか見ていないのではないか、もっと違う見方もあるのではないか。でも、こっちの記事は勉強になるな。わからなかった国際問題がこれでわかったよ」

「今のニュースの取り上げ方は、加害者側からの見方に偏っているのではないか。被害者の立場で考えたら、よい視点に思えない。でも、こっちのコーナーは知らないことを毎回教えてくれる。おかげで、情報通になれるよ」

このように「それはそれ、これはこれ」と冷静に考え、同じメディアであっても、個別に判断する態度が大切でしょう。

公正か不公正かを判断基準にする

公正な審判のようなものを自分の中に持つことが大切である。公正な第三者が見た場合、こう判断するであろうということを、自分の中に持って行動する。この態度は社会全体にとって必要である。——アダム・スミスは著書『道徳感情論』で、このようなことを強調しています。

一般的には、「神の見えざる手」の言葉や自由主義経済学者して知られるアダム・スミスですが、もともとは倫理学者と呼ぶべき人物です。人は何を善として、いかに生きるべきかを中心に据えて研究していました。

「人間は皆、自分勝手になりがちである。でも、それではいけない。そこで、公正で中立的な第三者の視点を持ちなさい。そして、自分（たち）がずるいことをしていないか、チェックする機能を自分の中に持ちなさい」と、アダム・スミスは主張してい

●明証性の規則

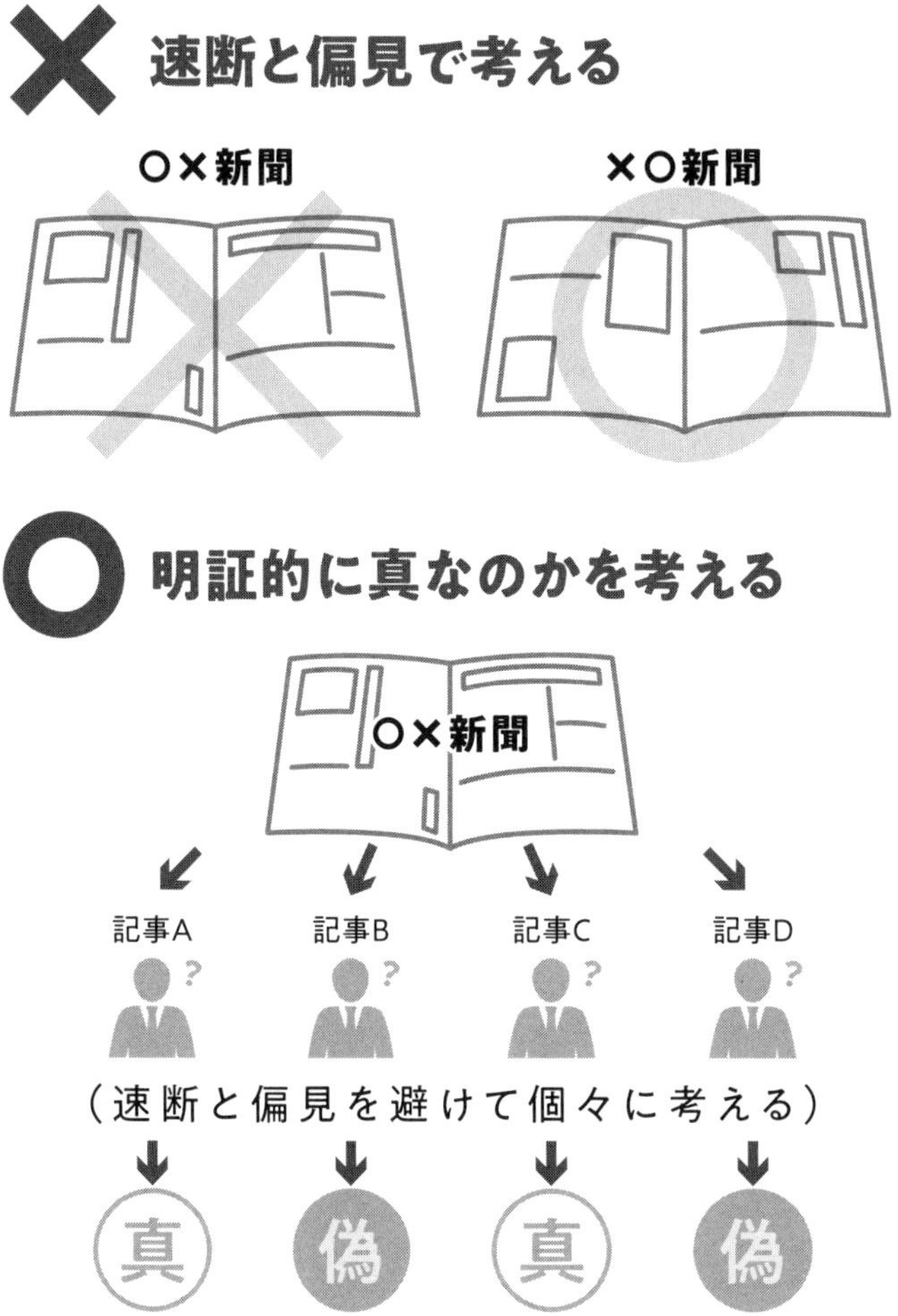
速断と偏見で考える
○×新聞
×○新聞
明証的に真なのかを考える
○×新聞
記事A
記事B
記事C
記事D
(速断と偏見を避けて個々に考える)
真
偽
真
偽

ます。

デカルトは〈わたしが明証的に真であると認めるのでなければ、どんなことも真として受け入れない〉と言っていますが、公正であることも、明証的に真であることにつながる思想です。公正でないことが真であるとは考えられないからです。

そうであるなら、**不公正なことは真として受け入れない姿勢を持つことが大切だといえます。** フェアかアンフェアか、つまり道義的に正しいか正しくないかを判断の基軸に置くと、過ちを犯すことをかなり減らせるはずです。

「保身」が身も会社も滅ぼす

仕事などをしていて、判断を間違えさせる原因の一つに「保身」があります。

人間には誰しも、自分の身を守ろうとする本能があります。その本能が強く出すぎると、仕事で不祥事が起きた場合などに、間違った判断をする原因になってしまいます。

自分たちに明らかなミスがあったにもかかわらず、顧客に対して、謝罪するより前に、言い訳したり、事実を歪曲《わいきょく》して伝えたりする。こうしたことが起こる背景には、保身をはかろうとする気持ちがあるのです。

しかし今の時代は、自分の非を認めようとしない人に対する目は、以前にも増して厳しくなっています。トラブルを起こして、謝罪会見を開いても、言い訳に終始したら逆効果で、世間、とりわけネット上で総攻撃を受けることになります。

非を認めず、保身が透けて見えてしまうと、火に油を注ぐ事態になって、その人自身も会社も、立ち直るにはかなりの時間と労力を要することになるでしょう。そうであるなら、最初から素直に、フェアな態度で対応したほうがよいのです。

保身のほかに気をつけないといけないのは、嫉妬心や劣等感です。これらも、しばしば判断を誤らせます。**仕事の判断をするのに、これらの感情は必要ありません。公明正大に判断して、実行していけばよいのです。**

評価に対しては論拠を示す

現代はさまざまなことに透明性が求められる時代でもあります。大学でも、たとえば評価に対する透明性が以前よりも格段に求められるようになりました。

「この学生の評価はどうしてこうなったのですか」と、何かの委員会などで聞かれた場合、教員は「これこれこのテストが□点で、欠席が○回あるのでマイナス▽点で、これこれこういう理由で□▽点です」と、明瞭に答えられなくてはいけません。

学生から「どうして私の点数はこの程度なのですか」と聞かれたとしても、その理由をはっきり答えられるようでないといけません。

学生などから、仮に評価内容に関する開示請求をされた場合には、論拠をしっかり示せるようにしておく必要があります。

透明性が求められる時代に、個人的な感情が入り込んだような評価は認められません。かつては認められたという意味ではありませんが、評価に対する明瞭性が以前よりもいっそう求められるようになったのです。

こうしたことは企業においても同様であるはずです。個人的に相性がいいからとか、何でも指示どおりに動いてくれてかわいいからとか、自分に対しては愛想がいいからなど、そんな個人的な感情で社員の評価をすることは許されないでしょう。

人事評価においても〈注意ぶかく速断と偏見を避けること、そして疑いをさしはさむ余地のまったくないほど明晰かつ判明に精神に現れるもの以外は、何もわたしの判断のなかに含めない〉態度が求められています。

20

［分析の規則］

大きな問題は小さく分けて考える

第二は、わたしが検討する難問の一つ一つを、できるだけ多くの、しかも問題をよりよく解くために必要なだけの小部分に分割すること。

『方法序説』二九ページ

分割して考えると、パニック状態にならない

右のデカルトの文章は「分析の規則」と呼ばれるものです。**難問を理解するためには、その難問を小さく分割すると解決しやすい**、ということです。

たとえば、大きな事故が起きた場合、いろいろな要素がありすぎて、何が何だかわからなくなることがあります。混乱状態、いわゆるパニック状態です。

そのようなときは、まず問題を小さな部分に分けて考えていくと、だんだんと視界が開けていきます。五里霧中で呆然《ぼうぜん》としていた状態から、一歩、また一歩と、前に進める感覚を抱けるようになります。

たとえば、列車が事故を起こしたとしたら、車輪はどうだったのか、ブレーキはどうだったのか、レールはどうだったのか、天候はどうだったのかなど、一つ一つチェックしていきます。すると、ここは大丈夫だった、ここは大丈夫だった、ここは大丈夫だった……と続いたあと、「問題はここだ」という箇所が見つかることがあります。

問題が見つかったあと、その箇所を子細に見ていくと、より確実な問題点が見つかることもあります。

たとえば、問題は車輪だったとわかったあとも、車輪の何が問題なのか、さらに分けて考えていくと、より本質的な問題点が浮き彫りになるのです。

大きな仕事も、小さく分けて考える

日常の仕事でも、たとえば、大きな仕事のリーダーを任せられたとき、「これは大変だ。いったいどう取り組んだらいいんだ」と途方に暮れることもあるかもしれません。

そうした場合も、**その大きな仕事を、A、B、Cなどの小さなテーマに分けて考えると、すべきことが見えてくるものです。**

●分析の規則

〈大きな問題を小さく分割する〉

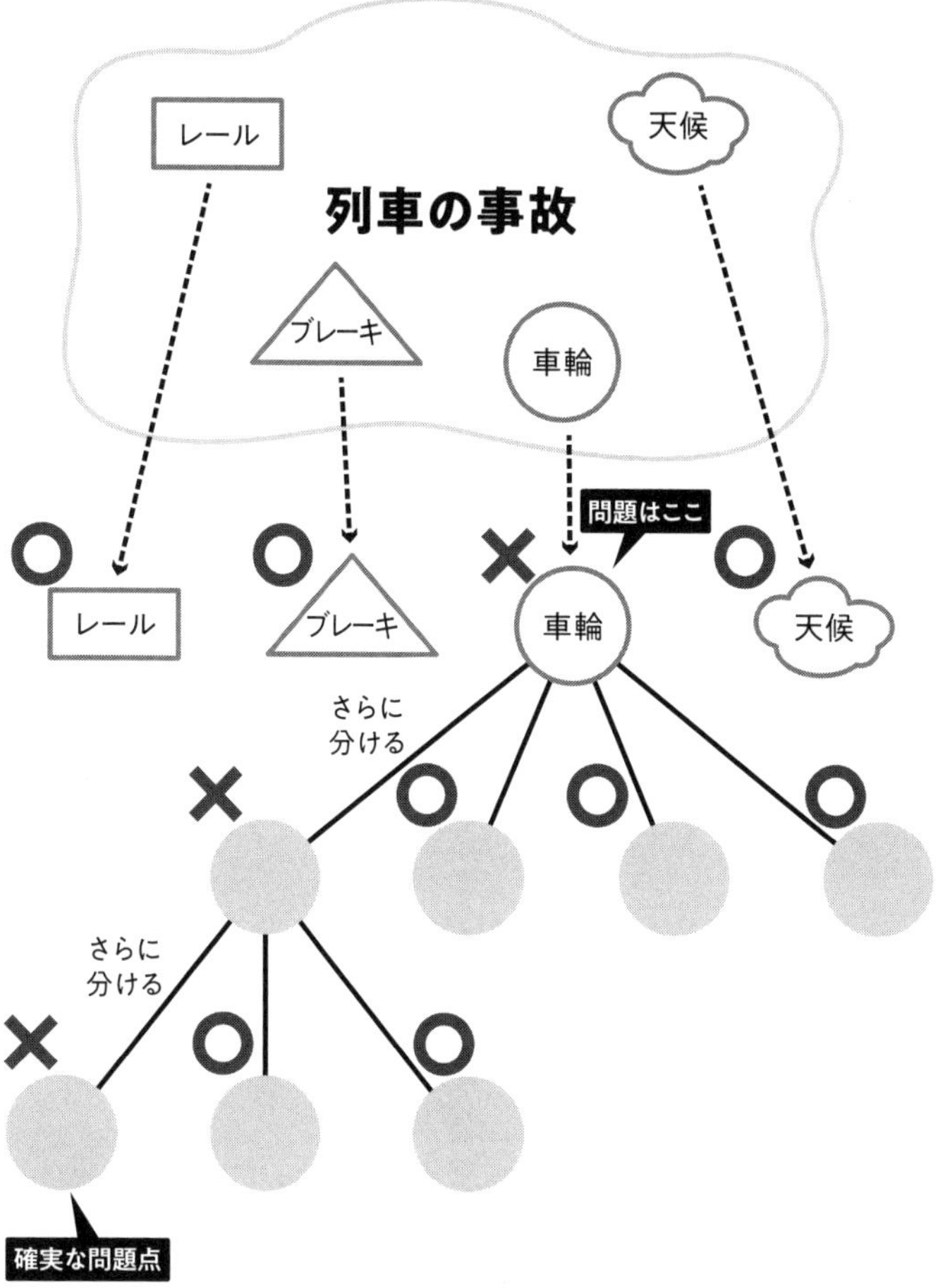

それでもまだ取り組みにくいと感じたら、A—①、A—②、B—①、B—②、B—③、C—①、C—②などに、さらに分けていきます。すると、視界はいっそう広がり、仕事を進めやすくなるでしょう。

そして、A—①は誰それに、A—②は誰それに、といったように、部下や同僚に仕事を割り振っていけばよいのです。

あるプロジェクトを実施するために、チームを編成してみたものの、どうもうまく進まないということもあります。そうした場合、チーム全体が悪いのではなく、ある人（たち）とある人（たち）の連携が悪いために、プロジェクトが滞っているということもあるでしょう。

そのようなとき、原因を突き止めるために、チームリーダーが人物相関図や担当関係図のようなものを描いて、一つずつ確認していくという方法もあります。すると、「ここどここの連携はよい、ここどここもよい。問題は、ここか」などと、連携の悪い箇所が見つかることがあるのです。この思考法も、デカルトの「分析の規則」を応用しているといえます。

数学的に考える

この「分析の規則」は数学的な思考法です。数学には明証的であることが求められます。**人によって、ものの見方が違うことは数学とはいえません。誰がどう考えても同じになることが数学では求められます。**

たとえば、「$E=mc^2$」であれば、誰が見ても「$E=mc^2$」です。これはアインシュタインが考えた式で、エネルギー（E）は質量（m）と光の速度（c）の二乗を掛けたものに等しいことを表しています。

質量は重さと似たような意味だからと、エネルギーとは無関係に思う人もいるかもしれませんが、重さのあるものの中で原子が激しく運動していると考えると、質量自体がエネルギーであることがわかるそうです。そうした考えをアインシュタインは、「$E=mc^2$」というシンプルな数式で表しました。

数学の問いは難解なものが多いですが、難解で複雑な問いも、小さな事項に分けていくと解決しやすくなります。数学は基本的には、複雑な問題を整理して、小さいものに分けて解いていく学問といえます。

デカルトが〈検討する難問の一つ一つを、できるだけ多くの、しかも問題をよりよく解くために必要なだけの小部分に分割すること〉を思考の基軸にしているのは、彼が数学者でもあったことと密接に関係しているでしょう。

21

［総合の規則］

階段を上るように仕事をする

第三は、わたしの思考を順序にしたがって導くこと。そこでは、もっとも単純でもっとも認識しやすいものから始めて、少しずつ、階段を昇るようにして、もっとも複雑なものの認識にまで昇っていき、自然のままでは互いに前後の順序がつかないものの間にさえも順序を想定して進むこと。

『方法序説』二九ページ

最も単純でわかりやすい仕事から取りかかる

これは「総合の規則」と呼ばれる思考法です。**何か物事に取り組む場合で考えると、単純でわかりやすいものから取りかかって、複雑なものに順々に進んでいこうということです。仕事の段取りと考えることもできます。**

たとえば、目の前に三つの仕事がある場合、規模が大きく、難しそうな仕事から取りかかると、ほかの二つの仕事に取り組む時間が足りなくなって、結局、三つとも期限内に終わらなかったということが起こりえます。

ところが、最も単純でわかりやすい仕事から取りかかると、その仕事はスムーズに終わって、気持ちが晴れやかになるでしょう。次に、二番目に難しそうな仕事に取りかかり、それも終えると、充実感も味わえそうです。「よし、今回の最後の仕事に取りかかるぞ」と、ポジティブな気持ちになれそうです。そうして、最も複雑で困難な仕事に向き合うと、その仕事に対しても、スムーズに進められる可能性が高まるはずです。

「今ひとつの社員」は本当に今ひとつか?

この思考法は、次のような場合にも使えます。たとえば、「今年の新入社員は、みんな、今ひとつだな。いったい、どうしちゃったんだ」というような場合です。私も「今年の学生、どうしちゃったの?」と感じたことがありました。

そうした場合、単純な問題、解きやすい問題から考えていくと解決することがあります。

●総合の規則

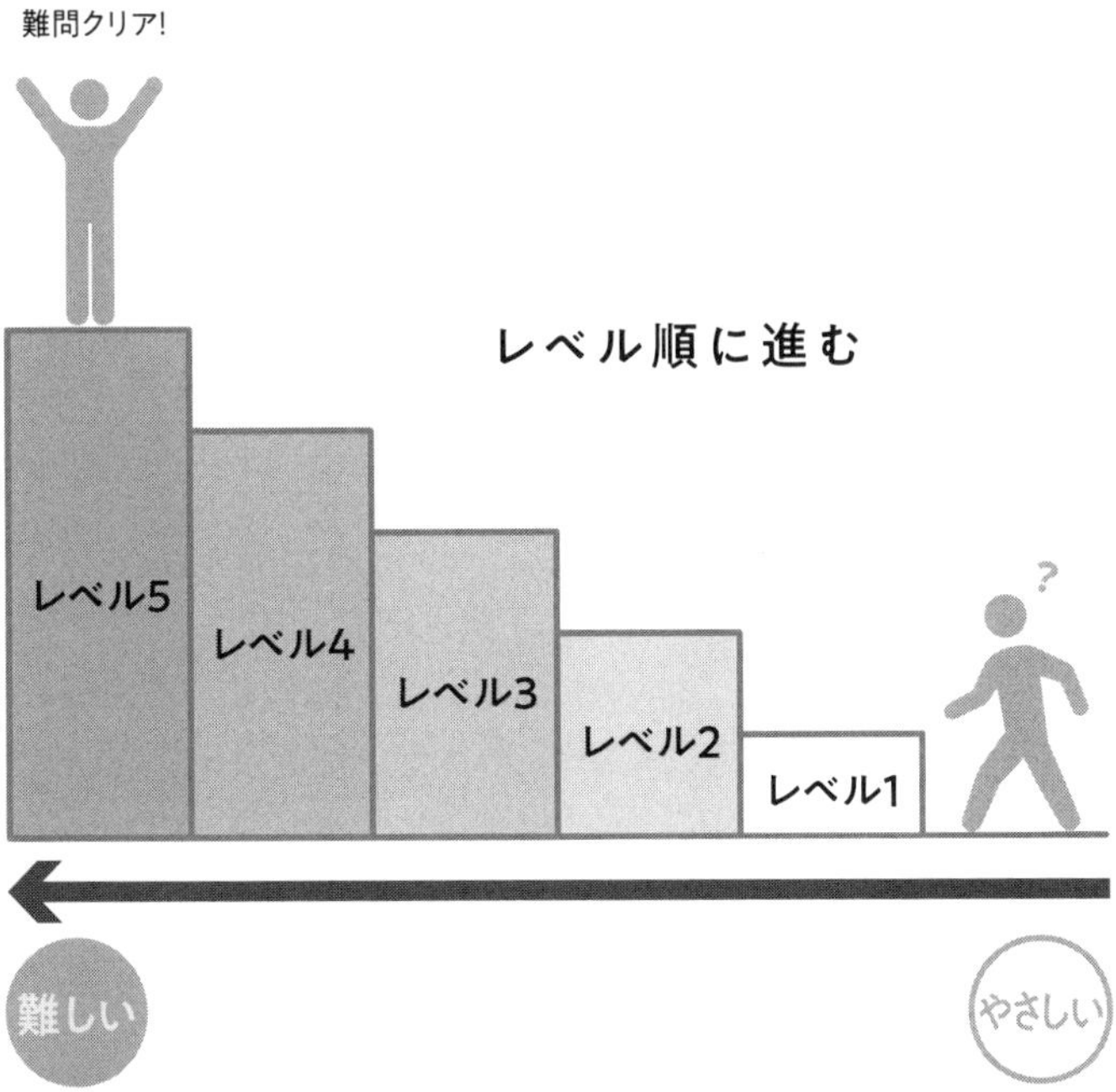

ポイント

●思考は順序立てて進める

●単純なもの、やさしいものから始める

●階段を上るように複雑なもの、難しいものに順々に進んでいく

今年の新入社員が今ひとつだと思う理由を虚心に考えると、そもそも、元気がないことだとわかったとします。すると、まずは挨拶を明るく笑顔でできるようにさせようという目標ができます。これは単純な目標なので、新入社員でも簡単にできることです。次には、たとえば、その日の仕事の報告をしっかりさせることを目標にします。一カ月間毎日、口頭と書面でその日の業務の簡単な報告をさせます。これもそれほど難しいことではないので、新入社員もきちんとできるはずです。

そうして取り組んでみると、「今年の新入社員は、みんな、今ひとつだな」と思っていたのも、いや、そんなことはない。みんな、しっかりしているじゃないか、といった評価に変わってくるでしょう。

仕事をスムーズに進めるには、単純でわかりやすいものから取りかかる。これは実際に取り組む人にとっても、指示する人にとっても、メリットが大きいといえるでしょう。

腰骨を立て、靴をそろえることの大切さを説いた森信三氏

教育者の森信三氏は、小学校一年生で習うのは、基本的には「腰骨《こしぼね》を立てること」

と「靴をそろえること」だけでいいと言いました。「えっ、腰骨と靴？　どういうこと？」という感じもしますが、これは具体的かつ本質的な提言だと思います。

一般的には、小学校一年生は、ひらがなや数の勉強をしたり、挨拶の仕方を学んだりなど、教わることがいろいろあります。もちろん、そうしたことを学ぶのも大切ですが、まずは腰骨を立てることと靴をそろえることを身につけるべきだと森氏は言うのです。

腰骨を立てるように教えることを「立腰《りつよう》教育」といいます。**腰骨をいつも立てて曲げないようにすることによって、やる気が起こり、集中力がつき、精神がしっかりしてくる**といいます。

もう一つ、森氏は、靴を脱いで家に上がるときには靴をそろえることも、とても大事だといいます。**靴を毎日そろえることで、精神が整う**ということです。

仕事においても、単純で習得しやすく、それでいて重要な習慣などがあるはずです。しかし、それが案外身についていない。まずは単純であっても、重要な仕事の基本などをしっかりと身につけることが大切でしょう。

22

［枚挙の規則］

全体を見渡して「見落としゼロ」にする

そして最後は、すべての場合に、完全な枚挙と全体にわたる見直しをして、なにも見落とさなかったと確信すること。

『方法序説』二九ページ

「枚挙の規則」で仕事は完結する

デカルトの主な思考法の四つ目「枚挙の規則」について見ていきましょう。基本となる思考法の最後です。

「枚挙」とは「枚挙にいとまがない（数え切れないほど多い）」の枚挙で、「一つ一つ数え上げること」です。つまり、ここでデカルトは**「最後にすべてを列挙して、見落としがないか、再検討しよう」**と言っているのです。

ここまでデカルトは、

▼根拠や証拠を明示して、証明できる事柄以外は受け入れない。注意深く考えて、速断と偏見は避けよう（明証性の規則）
▼難問を理解するために、その難問を小さく分割しよう（分析の規則）
▼思考（仕事）は順序立てて進めよう。単純なものから複雑なものへと進めていこう（総合の規則）
と言っていました。

そして最後は、すべてを列挙して、見落としがないか、再検討しよう（枚挙の規則）ということです。どうでしょうか。この方法をしっかり身につけると、いい仕事ができるようになると思いませんか。

チェックボックスを活用する

〈なにも見落とさなかったと確信する〉ためには、確認すべきすべての事柄を紙に書き出したり、パソコンなどに打ち込んだりして、チェックボックスなどを使って、きちんと確かめることが大切です。一つ二つならまだしも、ある程度の項目数になると、頭の中だけで確認するのは不確かで危ういからです。

私が勤める大学の事務方にとても優秀な人がいて、その人は私たち教員が判断すべき項目を用紙に全部列挙して、配ってくれます。その用紙にはチェックボックスもついているので、私たちは何をどうしたらよいかの判断がしやすい上に、判断漏れがなくなります。

たとえば、会議で私が司会をするときには「この件の期限はいつまでにしますか」とか「この項目は昨年と同じでよいですか」など、一つずつ確認していくだけで進められることが多く、大変やりやすいと感じます。事務方が優秀だと、会議の司会進行もずいぶん楽だと実感します。

「試験終了五分前の確認」を思い出す

契約によっては、チェックボックスつきの書類で互いに重要事項を確認していくことが大切です。

たとえば、家を建てるといった大きな契約では、互いに勘違いがあると大変です。そうしたことを避けるためにも、「これは確認しました」「これは確認しました」……と、一つずつチェックを入れながら、互いに確認していくことがとても重要です。

●枚挙の規則

頭の中だけで確認しない。チェックボックスにまとめる

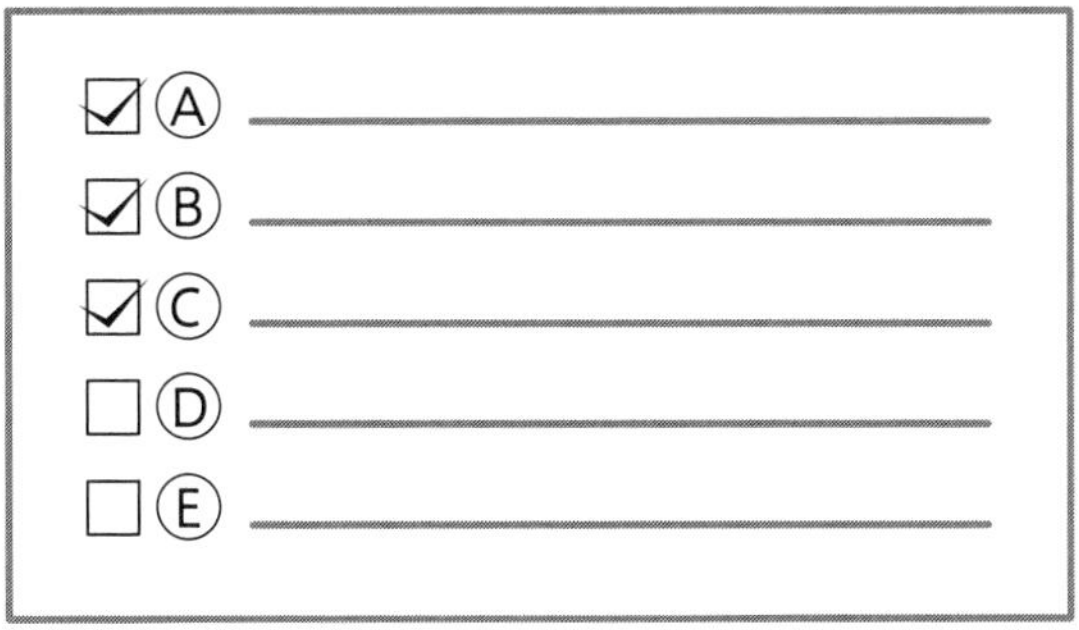

全体にわたる見直し。列挙して見落としゼロに

この作業を経ないと、あとで「説明した」「いや、説明を受けていない」とか「確認した」「いや、確認していない」といった問題が起こりがちです。

チェックボックスにチェックが入っていて、顧客の署名があれば、「言った」「言わない」の不毛なやりとりは避けられるし、業者側は説明責任を果たしたことになります。

重要な契約をするときなどは、関係者は互いに見直しをして、確認し合うことが大切なのです。

考えてみると、私たちは小学生のころから「見直しをしましょう」とよく言われていたはずです。算数の計算問題では「検算しましょう」と言われたはずだし、試験のときは、ひととおり解答し終わっても「あと五分です。もう一度、見直してください」などと言われたはずです。これらによって、ケアレスミスがだいぶ防げるのです。

〈完全な枚挙と全体にわたる見直し〉ができていない人は、小学生時代の「検算」と試験のときの「終了五分前の見直し」を思い出して、しっかり確認する習慣を身につけるとよいかもしれません。

判断力が身につく「三つの基準」

迷ったら同じ方角に向かってまっすぐ進め！

第4章

23

［基準①］軌道修正しやすい、穏健な道を選べ

第一の格率は、わたしの国の法律と慣習に従うことだった。
『方法序説』三四ページ

わたしは、等しく受け入れられているいくつもの意見のうち、いちばん穏健なものだけを選んだ。
『方法序説』三五ページ

グレーも避ける

ここでいう「格率」は「行為の基準」や「行動のルール（指針）」と言い換えてよいでしょう。広くとらえると、「幸福に生きるための基準やルール」で、ビジネスパーソンにとっては「仕事を進める上での大切な基準」ととらえることができます。

第一の格率は「仕事の大切な基準①」、広くとらえるなら、「幸福に生きるための基準①」といったものです。

〈わたしの国の法律と慣習に従う〉というのは、今の時代でいえば、「コンプライアンス」や「法令遵守」とほぼ同義です。

法令を遵守するのは、当たり前といえば当たり前ですが、中には守れない人もいます。法律違反ではないけれど、道義的には問題があるだろうという言動もあります。「これはグレーだ。黒ではない」と主張する人もいますが、言動を黒、グレー、白で分けるなら、黒はもちろんのこと、「グレーも避ける」ことも大切です。

「疑わしきは罰せず」が刑事訴訟法上の原則ですが、実際には、疑わしきが罰せられてしまう可能性もゼロではありません。

たとえば、身に覚えがないのに、痴漢をしたと疑われてしまう人もいます。いったん疑われてしまうと、していないことを証明するには膨大なエネルギーを要します。それを考えると、最初から「グレー」の部分も避ける生き方をしたほうが賢明でしょう。

慣習に従って生きると間違いが少ない

慣習とは、ある地域で一般に行なわれている伝統的な行動様式のことで、平たくいうと、今までみんながやってきたことです。

とすると、**慣習に従っている限り、誰かに批判されることはほぼない**といえます。

もちろん、慣習はすべてよいかというと、そうともいえず、時代に合わせて変えていくべき慣習もあるでしょう。ただ基本的には、慣習に従っていたほうが生きやすいという現実はあります。

イスラーム教徒にはイスラーム教徒の慣習があって、たとえば、彼らは一日五回、聖地メッカに向かって礼拝します。非イスラーム教徒が「理解できない」などと思っても、イスラームの人たちにとって、その行為は神聖で、極めて重要です。イスラーム教徒はイスラームの世界にある慣習にのっとって生きると、精神が安定し、社会の秩序も整うということがあるでしょう。

一方、社会の変化に伴い、通用しなくなる慣習もあります。「俺の酒が飲めないのか」と言って飲酒を強要したり、上司にすすめられた酒は飲み干さないといけないなどといった慣習は、かつては認められた時代もあるかもしれませんが、今はどこの会社であっても、認められるものではありません。パワハラの認定を避けられない行為です。

慣習は時代や地域によって異なるし、変えていくべき慣習もある。そのことを知った上で、慣習を尊重して生きていくのがよいでしょう。

一か八かの人生は失敗する

デカルトは穏健な意見がよいと考えていました。

〈あらゆる極端は悪いのが通例であり、穏健な意見は行うのにいつもいちばん都合がよく、おそらくは最善である〉三五ページ

〈穏健な意見に従えば、やりそこねた場合にも、両極端の一方を選んだあとにもう一方をとるべきだった、とわかるよりも、真の道から隔たりが少なくてすむ〉三五ページ

『方法序説』には、右の記述も見られます。極端な意見や言動はよくない、**穏健な意見や言動をとろうということです。これは中庸の精神にも通じます。**

「一か八かだ。やってみよう」と言って、やってみると、たいていうまくいきません。うまくいったとしても、それはまぐれかもしれません。「一か八か」を成功体験にしては、その後、仕事などで成功し続けることは、とうてい無理です。

デカルトは非常に合理的な思考をする人で、**極端な道を選択すると、やりそこねた**

場合に、修正をしにくいと考えていました。

確かにそうで、右か左か正解のわからない場合、中ほどの道を選んでおくと、どこが正解の道であっても、その道に進みやすいでしょう。

安定感のある仕事をして、幸福感を抱きながら過ごすには、法律と慣習に従い、穏健な言動をとって生きていくのはとてもよいことです。

自分の自由を削る約束は基本的にはしない

デカルトは〈特にわたしは、自分の自由をいくらでも削るような約束は、すべて極端の部類に入れた〉（三六ページ）とも『方法序説』に書いています。

今から四百年ほど前、日本でいえば、江戸時代初期にデカルトは、自由を削る約束はしたくない、と言っているわけです。フランス革命が起こる百五十年ほど前の記述であることを考えると、驚く人も多いでしょう。

この箇所は、特に今の若い人たちは共感しやすいのではないでしょうか。たとえば、飲み会への参加を半ば強制されるのを「自由を削られる」と考える若い人は多いかもしれません。「今夜は職場のみんなで飲みに行くぞ」という酒席の誘いを穏健な

●判断の基準①

〈法令を遵守する〉

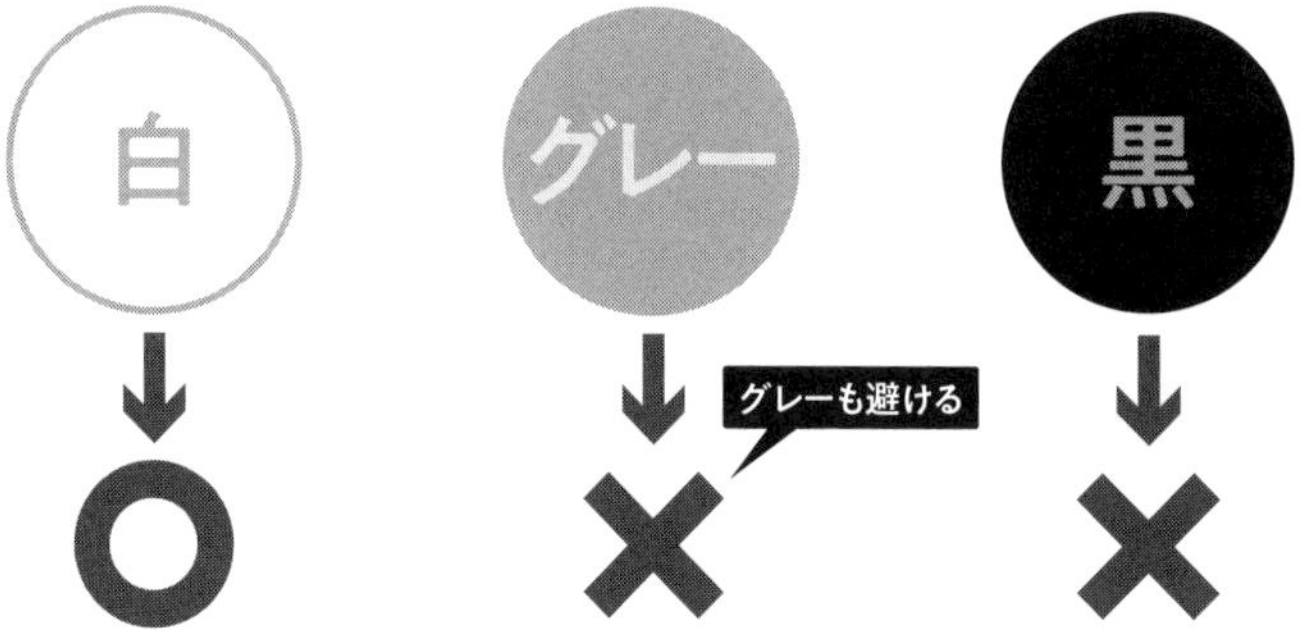

〈穏健な道を選ぶ〉

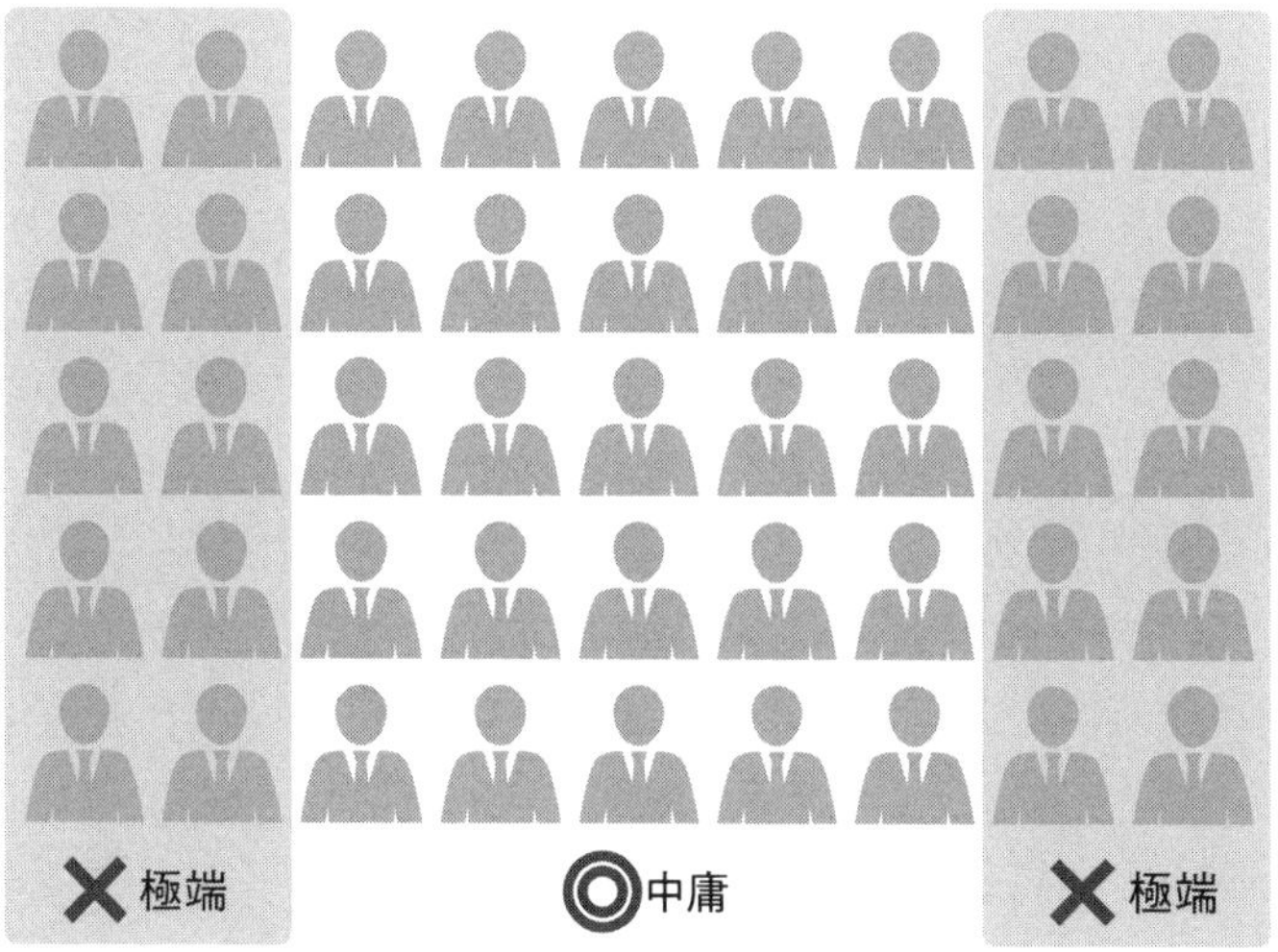

行為ではなく、「極端の部類」と考え、忌避《きひ》する人も多そうです。

自分の自由を削られると思う感覚は、自由に判断できなくなるということでもあります。その状態を避けたい、つまり、自由な判断力を保ち続けたいと思っている若い人は大勢いそうです。

今の時代は、どんどんどんどん、自由を削るような約束をしない方向に進んでいるように思います。

しかし、そうはいっても、迷うときはあります。この会合には出たほうがいいのだろうか、出なくてもいいのだろうか……。そういうときに、自由を削るかどうかというのは、基準としては少しわかりにくいところがあります。

私はかつて、無職だったころ、ある飲み会に参加したときに「齋藤君、明治大学の教員の公募があるんだよ」と教えてくれた人がいました。「知ってる？」「いいえ、全然知りません」といったやりとりがあって、「どう？　出してみたら？」と言われ、応募し採用され、今の私がいるのです。その飲み会に参加したことが吉と出たわけです。

飲んで語り合うことで得られる世界もある

飲み会を自由を削るものと、今の若い人は考えるかもしれませんが、私たちが若いころは、好きで飲み会を開いていました。自由を削るどころか、飲むこと自体がいわば自由の象徴みたいなものでした。

お酒を飲みながら、人と触れ合って、情報も得ることができるとなると、かえって自由度が広がることもあります。私は明治大学に職を得たことで、世界が広がりました。

SNS時代ともいえる今は、生身の人間とじかに語り合うことが苦手な人もいるかもしれません。ネットの世界だけでつながっていたほうが楽だし、自分の自由を保てると考える人もいるかもしれません。

ただ、仕事以外はネットの世界だけとなると、視界が狭まって、かえって自分の自由度も狭くなる可能性があります。

一見、自分の自由を削るように思える約束も、実は逆に自由を広げてくれるかもしれない。そうした視点も持っておいたほうがよいように思います。

24

［基準②］一度決めたら、一貫してやり抜け

わたしの第二の格率は、自分の行動において、できるかぎり確固として果断であり、どんなに疑わしい意見でも、一度それに決めた以上は、きわめて確実な意見であるときに劣らず、一貫して従うことだった。

『方法序説』三六ページ

熟慮断行で道がひらける

デカルトは、少しでも疑いうるものをすべて排除することによって、確実な原理を求めようとしましたが、一方で行動のルールに関しては、**一度決めたら一貫して従うのがよいと考えていて、いわば熟慮断行をよしとしています。**

〈森のなかで道に迷った旅人〉（三六ページ）の例を出して、あちらこちらに行って、ぐるぐるさまよい歩いてはいけないし、一カ所にとどまってもいけない、と説きま

す。同じ方角に向かってまっすぐに歩き続けるのがよく、大した理由もなく、方角を変えてはいけない、とも言います。すると、とりあえず森を出ることはできるだろう、という考えです。

私たちの心は、何かあると、揺れ動いてしまいがちです。「よし、この方法でいくぞ」と思って行動しても、少し失敗したり、誰かに否定的なことを言われたりすると、すぐに不安になって、決めたことを後悔したり、変更したりすることもしばしばあります。

こういうことが続くと、身につくことも身につかず、仕事で成果を出すことも難しくなるでしょう。「これもダメ、あれもダメ」では、結局、何もモノにすることができず、終わってしまいます。

しかしデカルトは、**一度決めたら一貫してやり抜け**、と言います。この覚悟は、今の日本人には欠けているかもしれません。精神がフラフラしていて、腰が据わっておらず、他人の意見にすぐに流される人が多そうです。熟慮断行のこの態度は、今の私たちにこそ求められているといえるでしょう。

決めたからには、やり通す

〈どれがもっとも真なる意見か見分ける能力がわれわれにないときは、もっとも蓋然《がいぜん》性の高い意見に従うべき〉（三七ページ）とも、デカルトは書いています。**真である格率の高いものを選ぼう**と言っているのです。そして、あとは迷うな、突き進め、ということでしょう。

デカルトはこうしたルールにのっとって行動したところ、〈弱く動かされやすい精神の持ち主、すなわち、良いと思って無定見にやってしまったことを後になって悪かったとする人たちの、良心をいつもかき乱す後悔と良心の不安のすべてから、解放された〉と、『方法序説』（三七ページ）に書いています。

私たちの多くは、過去に対する後悔と未来に対する不安を抱きつつ、生きていると思います。デカルトは、そのすべてから解放されると言っているのです。これは「完全な幸福状態」といってよいでしょう。

たとえベストな道でなくとも、一度決めたからには、一貫してやり通す。これを自分の行動のルールに取り入れると、よけいな迷いはなくなるはずです。

●判断の基準②

〈迷ったら同じ方角に向かって、まっすぐ進め〉

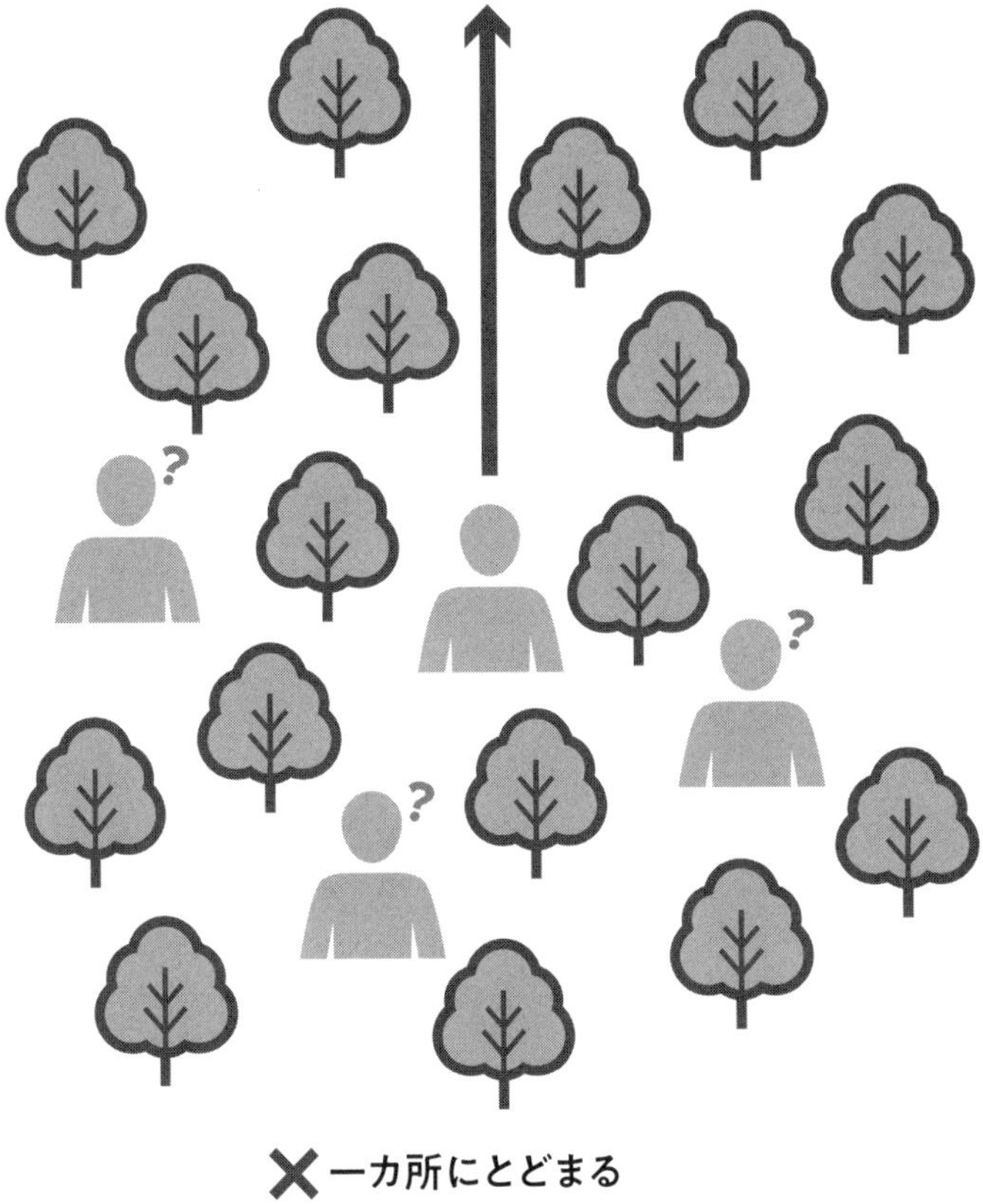

✕一カ所にとどまる

✕あっちこっち方角を変える

○熟慮断行する

25

［基準③］世界を変えようとせず、自分の考えを変えよ

わたしの第三の格率は、運命よりむしろ自分に打ち克つように、世界の秩序よりも自分の欲望を変えるように、つねに努めることだった。そして一般に、完全にわれわれの力の範囲内にあるものはわれわれの思想しかないと信じるように自分を習慣づけることだった。

『方法序説』三七～三八ページ

自分ではどうにもできないことがある

平たく簡潔にいえば、これは**「変えられるのは自分の考え方だけである」**ということです。自分の子供であっても、妻や夫であっても、親友であっても、自分の思うように変えることは困難です。

〈われわれの力の範囲内にあるもの〉というのは、私たちがコントロールできるもの

といえます。デカルトの「第三の基準」では、**物事を自分がコントロールできるものとコントロールできないものに分けることがポイントです。**

英語でいうと、コントロールできるものは「アンダー・コントロール（略してUC）」で、コントロールできないものは「アウト・オブ・コントロール（OC）」です。UCとOCでは大違いであることを、このルールは私たちに教えてくれます。

世の中には、自分の気持ちや力が及ばない「アウト・オブ・コントロール」がたくさんあります。OCを無理にUCに引き寄せようとしないことが大切です。

受け入れて、次を考える

『方法序説』（三八ページ）には〈生まれつきによるような良きものがないからといって、自分の過ちで失ったのでなければ、それを残念とは思わなくなる。〉と書かれています。

デカルトはここで〈必然を徳とする〉ことを説いています。ある国が自分の所有物でないことを残念に思わないように、ダイヤモンドのように腐らない体を持ちたいと願わないように、病気なのに健康でいたいとか、牢獄に入っているのに自由になりたいなどと望まないのがよい、とデカルトは説くのです。

病気を治して健康になりたい、牢獄から出て自由になりたい。そう思うのは当然じゃないかと思う人が多いでしょうが、ここは、**起きてしまったことは従容《しょうよう》として受け止めて、そこから次のことを考えるのがよい**と理解したらどうでしょうか。

古代ギリシャの哲学者、ディオゲネスの心の自由

〈かれらは、自然によって自分にあらかじめ限界が定められているか絶えず考察し、自分の力の範囲内にあるものは思想だけしかないことを完全に納得していたので、それだけで、ほかのものごとにたいするあらゆる執着を脱しえた〉という箇所が『方法序説』(三九ページ)にあります。「かれら」とは「哲学者たち」のことです。

ここでデカルトは、哲学者たちの幸福について教えてくれています。哲学者の幸福とはどういうものか。それは、自分がコントロールできる自分の思想だけだと言います。**哲学者たちは、自分の思想を自由にコントロールしていたので、ほかの人よりも豊かで、力に満ちて、自由で、幸福だと自分たちのことを考えている**、とも書いています。

古代ギリシャの哲学者、ディオゲネスにはいろいろな逸話があります。あるとき、アレクサンドロス大王がディオゲネスのところに行き、望むものは何かと聞くと、ディオゲネスは「そこをどいてほしい」と答えたといいます。

ディオゲネスは日なたぼっこをしていたのです。とはいえ、天下の大王、アレクサンドロスに対して、この台詞《せりふ》です。普通は言えるものではありません。思想は自分のコントロール下にあるという自負が感じられます。

自分のコントロール外のことで落ち込む必要はない

自分の思想は自分のものであるというのは、恋愛においてもいえることです。たとえば、好きな人がいるけれど、相手はそうでもないということがあります。

その場合、ある程度話したり、押したり引いたりの駆け引きをして、相手の気持ちが自分に傾くこともあります。しかし、どうがんばってみても、相手の気持ちが変わらないこともあるでしょう。その場合は諦めるしかないのです。

私が何人かの女性に聞いたところ、つき合うかどうかは、最初のころにだいたい決めている人が多い印象を受けました。

そういう人たちを翻意させるのは、なかなか大変だし、フラれても、いちいち傷つく必要はないのです。というのも、**相手の思いは、自分のコントロールの範囲外、アウト・オブ・コントロールだからです。**

一方で、自分がその人を好きだという思いを否定する必要もありません。それはそれで、自分の思いとしてとどめておいて構わない。ただ、これは縁がなかったと考えればよいだけです。それで自己否定の回路に陥る必要はまったくないのです。

自分でよく判断すれば、心は満たされる

第三の格率（第三の基準）のくだりには、〈できるかぎりよく判断すれば十分なのである。〉とあって、そうすることで〈われわれがこのことを確信するかぎり、心の満足を欠くことはないだろう。〉（四一ページ）と書かれています。

この文言を自分のやりたいことに当てはめて考えてみると、自分の判断がすべてであって、才能の有る無しで悩んだり迷ったりする必要はない、ということにもつながります。

たとえば、作曲や楽器の演奏に取り組もうと思うけれど、そこで才能の有無を問題

●判断の基準③

〈コントロールできるもの、変えられるものに、自分のエネルギーを使う〉

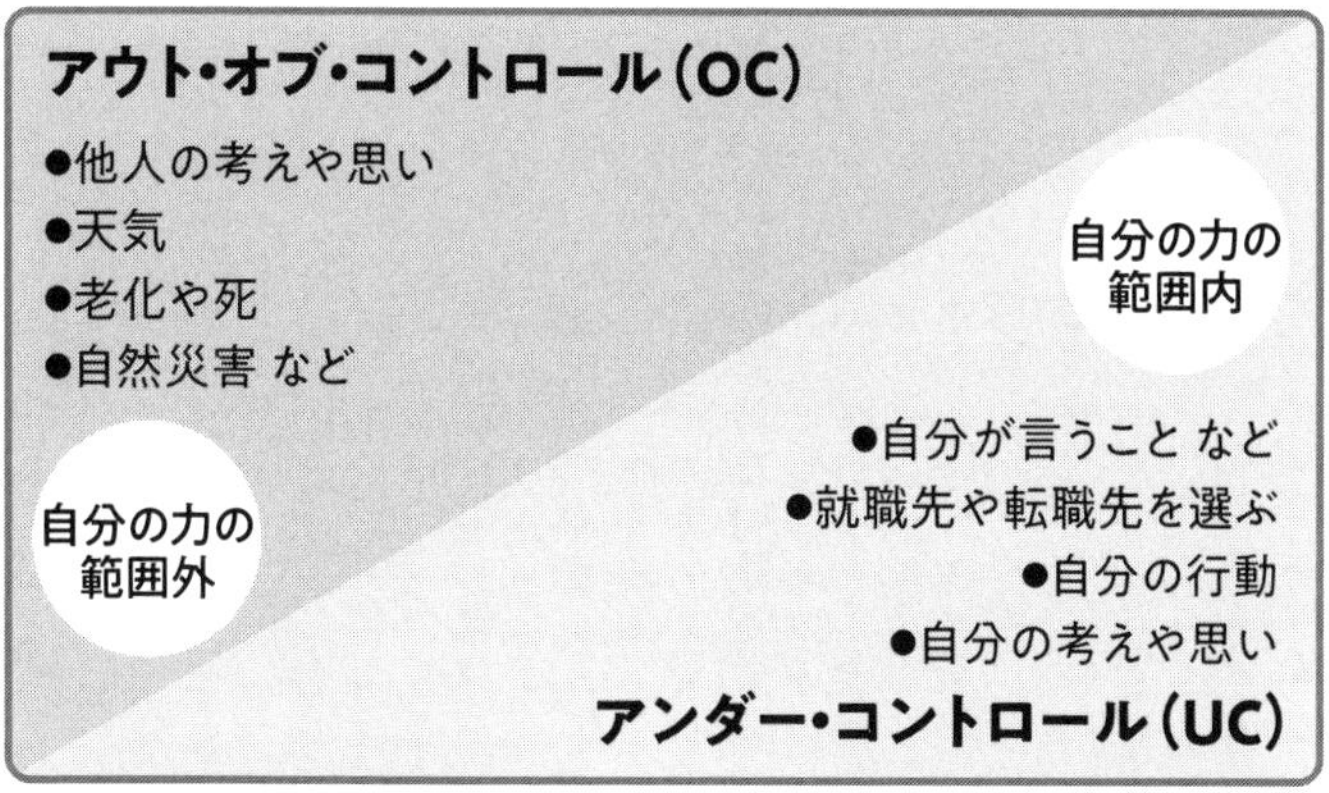

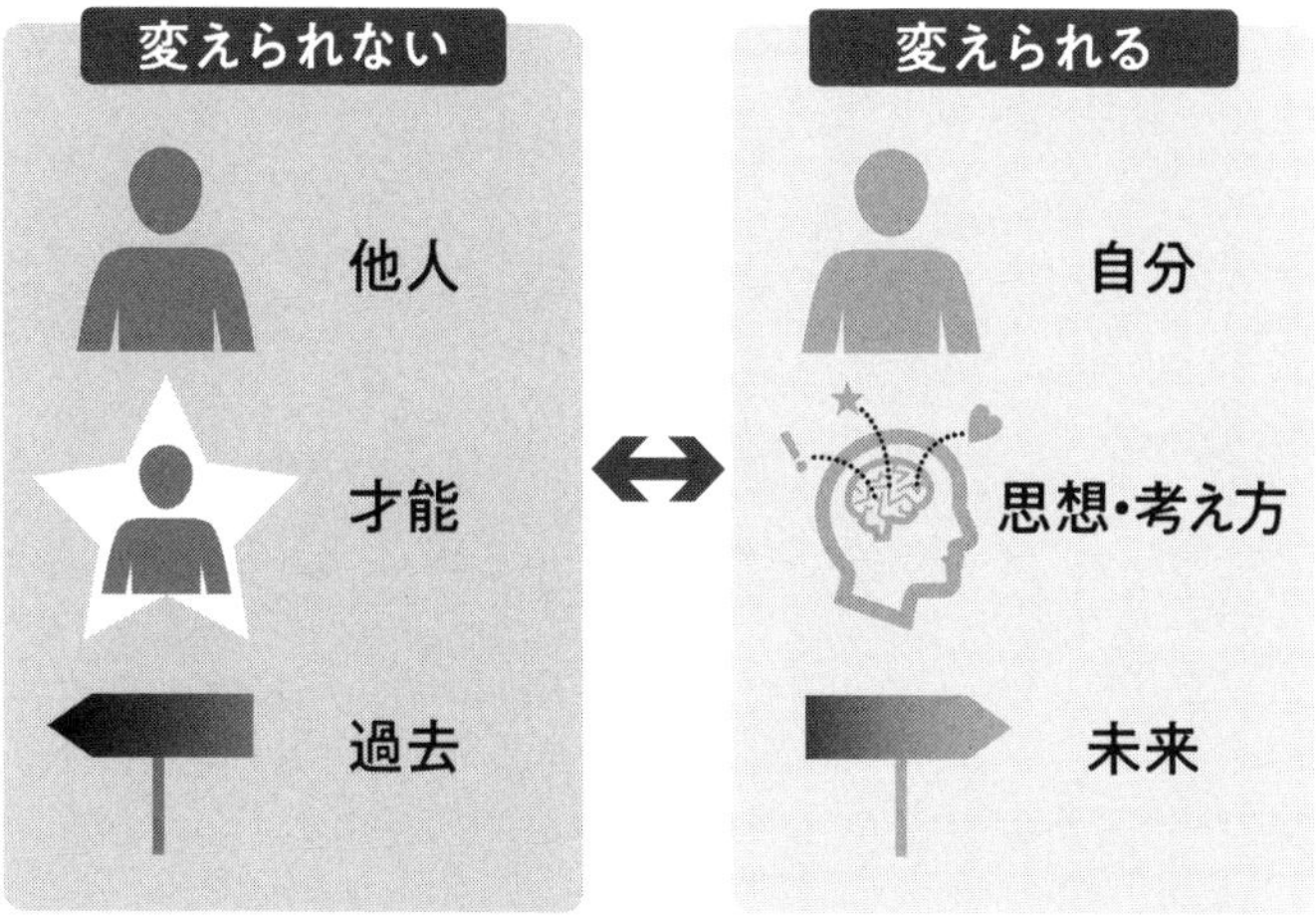

にすると、せっかくのやる気がしぼんでしまうかもしれません。

極端な話、モーツァルトやビートルズのような〝音楽の巨人〟と比較すると、多くの人は自分の才能のなさに嫌気がさしてしまうでしょう。彼らのことを思うと、「俺なんか……」「私なんて……」と落ち込んでしまう。しかし、そんなふうに思う必要は、もちろんいっさいないわけです。「やりたい」「やってみたい」という自分の思いと自分の判断だけで、十分なはずです。

仕事においても、たとえば、就職先や転職先を選ぶときなどは、自分でコントロールできることは自分でコントロールして、自分で決めればよいのです。**ほかの人と比べるのではなく、自分の気持ちに正直に問いかけ、自分で判断する。**そうすれば、心の満足を欠かずに済むとデカルトは教えてくれています。

感情コントロール力が身につく思考法

「驚き」は利用し、「憎しみ」は避けよ！

第5章

26

驚きや喜びは思考のエネルギーになる

単純で基本的な情念は、驚き、愛、憎しみ、欲望、喜び、悲しみの六つだけであり、他のすべての情念は、これら六つの情念のいくつかの複合、あるいは種である。

『情念論』六〇〜六二ページ

あらゆる情念の効用は、精神のなかに思考を強化し持続させることのみにある。それは、精神が保持すべき思考であり、情念がなければかんたんに精神から消えてしまう思考である。

『情念論』デカルト著・谷川多佳子訳・岩波文庫、六五ページ

人間は六つの情念を持っている

デカルトの著作というと、『方法序説』を思い浮かべる人が多いでしょうが、『情念論』も学ぶことの多い書物です。

「情念」は理性では拭《ぬぐ》いきれない、心にまつわりつく想念です。理性と対《つい》をなす「感情」と考えるとわかりやすいでしょう。

デカルトは、**この情念には「驚き」「愛」「憎しみ」「欲望」「喜び」「悲しみ」の六つがある**と言っています。「人間の感情はこの六つである」と整理して、言いきるところは、合理的なデカルトらしいところです。

ただし、デカルト自身が〈これら六つの情念のいくつかの複合、あるいは種である〉と書いているように、これら六つの情念から派生する形で、「無気力」「高邁《こうまい》」「謙虚」などについても『情念論』で言及しています。

デカルトは、情念＝感情そのものが悪いと言っているわけではありません。感情に流されたり、感情に飲み込まれたりすることはよくないと言っているのであって、悪い感情をなくして、よい感情に満たされれば、人生はもっと楽しくなるでしょう、という考えです。

私たちは機嫌よく仕事をしたいと思っているはずです。それは、怒りや恨み、悲しみといった感情をできるだけ減らして、喜びや楽しみをできるだけ増やしたいという思いでもあるでしょう。**そういうストレスマネジメントみたいなものは、実は理性に**

よってできるのです。「ストレスマネジメント」などという言葉も発想も、デカルトの時代にはなかったでしょうが、デカルトは事細かに感情を整理し、その感情との向き合い方を提示しています。

情念は思考の加速器

思考を強化して、持続させることが情念の効用だと、デカルトは言います。情念があることで、思考が定着しやすいとも言っています。

情念の害についても言及していて、それは、**情念が思考を必要以上に強化して保持すること、とどめるべきではない別の思考を強化して保持することにある、**としています。そのような場合に、情念が思考を邪魔してしまうということです。

軽めのトラウマも、これに近い状態かもしれません。一つの感情があるところに固着すると、何を考えようとしても、感情がそこに向かってしまう。

たとえば、上司に叱られたり、失恋したりすると、その感情が張りついてしまって、別のことを考えようとしても、その感情から抜け出せない。すると、仕事に悪影響が出ることもあるでしょう。情念が害になるパターンです。

情念が好影響を与えるケースも、もちろんあります。版画家の棟方志功は若いころ、ゴッホの絵を見てとても感動しました。ゴッホって、なんて素晴らしいんだ。「わだばゴッホになる」と言って、その気持ちを抱き続けました。これはつまり、彼のその後の思考を強化し、持続させたということです。棟方志功はおそらく、ゴッホの絵に出合ったときの感動を生涯忘れなかったのだと思います。

情念はネガティブなほうにもポジティブなほうにも増幅し、拡大していきます。そして、思考に影響を与えます。とすると、**情念はいわば思考のエネルギーで、思考の加速器みたいなものでもあります。**

感情、情念は、思考にプラスにもマイナスにも影響を与えるということを、私たちはまず認識する必要があるでしょう。

「読む」「声に出す」「書く」は理性の力を鍛える

デカルトは『情念論』に〈最も弱い精神の持ち主でも、精神を訓練し導くのに十分な工夫の積み重ねを用いるなら、あらゆる情念に対してまさに絶対的な支配を獲得できるのは明らかである。〉（五〇ページ）とも記しています。

精神の力、理性の力が弱い人であっても、訓練し、工夫を重ねると、情念をコントロールできるということです。

たとえば**「読書する」「音読する」「文章を書く」ことは、自分の情念をコントロールできるようにするのに役立ちます。これらは、理性の力を鍛えることにつながるからです。**

お経を読むのもおすすめです。たとえば「観自在菩薩……」と、般若心経を声に出して読んでみると、精神が落ち着くのがわかるでしょう。

呼吸も大切です。ゆっくり長く息を吐いて、気持ちを落ち着かせる。嫌なことがあれば、それをすべて吐き出すイメージで息を吐く。これだけでも、情念を落ち着かせるのに役立ちます。

読書する、音読する、文章を書く、呼吸を整えることなどを習慣にする。これだけでも、精神や理性を鍛え、自分の情念をコントロールするのに役立ちます。

27

「驚き」は勉強・仕事・人生に役立つ

驚きが有益であるのは、それまで知らなかったことをわたしたちに学ばせ「記憶」にとどめさせることだ。　『情念論』六五ページ

アルキメデスは驚いた！

デカルトによると、「驚き」とは〈精神のうける突然の不意打ち〉（『情念論』六二ページ）です。不意打ちなので、「おっ」とか「あっ」などの感覚を伴うのが情念ということです。

〈驚きは特に何に役立つか。〉（六五ページ）という問いをデカルトは立てています。「驚き」の効用を問うこと自体、珍しいですが、デカルトらしくもあります。これに対してデカルトは、**知らなかったことを学ぶことができて、しかも、記憶にとどめさ**

せることである、と答えています。

古代ギリシャの学者、アルキメデスはあるとき、浴槽に入ると水位が上がることに気がつきました。このとき、アルキメデスは「あっ」と驚いたことでしょう。そして彼は、上昇した分の水の体積と自分の体が水中に入った分の体積と等しいことにも気づいたのです。この発見によって、複雑な形をしたものの体積も量れるようになります。

アルキメデスは「おぉー！」と驚いたことでしょう。「エウレカ！　エウレカ!!」と叫びながら、裸のまま、町の中を走り回ったといわれています。「エウレカ！」は「見つけたぞ！」「わかったぞ！」といったような意味です。

アルキメデスは当然、このときの発見を生涯、記憶にとどめることになったでしょう。それのみならず、アルキメデスから二千二百年以上を経た私たちですら、彼のこの功績を知っているのだから、驚嘆すべきことです。

学者や研究者と呼ばれる人たちは、今もこの「驚き」の感情にしばしば駆られています。たとえば、歴史家は珍しい古文書を発見したときなど、「おぉ、これはすごいぞ」と心の中で叫んでいることでしょう。

驚きながら学ぶと、楽しくなる

勉強するときにも「驚き」は役立ちます。たとえば「三権分立」とは、国家権力を立法・行政・司法の三つの権力に分けることで、権力が一人、あるいは一部の人に集中することを避けるためのものです。

これを、ただ教科書などを読んで覚えることもできますが、それだと、驚きも感動もありません。しかし実際には、三権分立というのは、人類が辿り着いた偉大な知の結晶でもあるわけです。

「三権分立が今もなかったら、大変だよ！　日本にも独裁者が生まれちゃうよ。三権分立、すごいよ、すごいよ、すごすぎるよ！　モンテスキュー、三権分立を考えてくれて、ありがとう！」と驚き、感動しながら学ぶこともできるのです。

資格試験や新しい仕事の勉強をするときも、面倒だなとか、仕方がないななどと思わずに、たとえば「なるほど、貸借対照表はこういうふうに見るのか！」「へー、不動産はこうやって評価するんだ！」「そうか、この言葉は英語でこう言うんだ！」などと驚きをもって学ぶと、楽しくなるし、記憶にもとどまりやすくなるでしょう。

相手の話に「軽く驚く」ことが信用につながる

仕事で顧客や取引先と接するときには、ちょっとした驚きをもって対応することも大切です。

たとえば、お客さんが気の利いたことを言ったのに、「なるほど。で、今日の契約の件ですが……」などと、大した反応もなくスルーされると、顧客側としては、契約にも気が乗らなくなってしまうかもしれません。

しかし、そこで「へぇ、そうなんですか。それは、皆さん、喜ばれたでしょうね」などといった、**軽い驚きを伴った反応をすると、お客さんも気をよくして、仕事の話にも好影響を与えるでしょう。**

「へぇ、そうなんですか」といったことを言って、その話が少し続いて盛り上がると、その話を覚えやすくもなります。そうなると、次の機会にその人と会ったときに、「この間のお話、いいお話でしたね。私もそれを見習って、最近、始めたことがあるんですよ」などと、話のとっかかりとして使えることもあります。

お客さんのほうは「この人、私の話をよく覚えてくれているな。人の話をきちんと聞く人だな」などと思って、信頼を寄せてくれるようになりそうです。

こうしたことは、相手の話に「軽く驚く」ことの効用といえそうです。

「価値あること」にもっと驚こう

驚くことが、すべてよいとは限りません。デカルトは「驚き」の害についても書いています。

〈考慮する値打ちのないもの〉（六六ページ）や〈意味のないものにまで心をとどめてしまう〉（六八ページ）ことなどを批判的に見ています。〈理性の使用〉（六六ページ）に対しても、悪影響を与えると指摘しています。

私自身も、「えっ、そんなことにそんなに驚いて、感動するの？」と思うことが少なくありません。ユーチューブでも、この動画が一〇〇〇万回突破って、いったいどうなっているの、と思うことがあります。〈考慮する値打ちのないもの〉〈意味のないもの〉に、みんな驚きすぎじゃないか、と思うのです。

どこかの戦争が終結したとか、何かの感染症が撲滅されたとか、誰かが前人未到の偉業を成し遂げたなど……そうしたことにはもっと驚いて、感動しようよ、と思うこともあります。

とはいえ、全体としては、前向きな驚きはとてもよいことだと思います。何を見ても、何を聞いても、驚きも感動もないようでは、ちょっと寂しい人生です。子供たちがよく驚くことを考えると、驚きにくい人は「精神の老化」が進んでいるともいえるかもしれません。

値打ちのあること、意味のあることに、日々、驚きをもって接することで、私たちの認識はいっそうクリアになっていくように思います。

28

「憎しみ」や「悲しみ」を和らげる方法はある

憎しみは、どんなに小さくてもやはり必ず有害だ。そして悲しみをともなわないことはけっしてない。

『情念論』一一八ページ

憎しみと悲しみをどれほど避けても避けすぎることはない、とわたしはあえて言いたい。

『情念論』一二〇ページ

憎しみは常に有害である

ここでは、主に「憎しみ」と「悲しみ」について見ていきます。

『情念論』を読むと、デカルトは「憎しみ」と「悲しみ」を完全に否定している印象を受けます。**憎しみには必ず害があり、悲しみは必ず悪いものだと断定していて、いずれも絶対的に避けるべきものである**と言いきっています。

憎しみは争いや戦いに結びつくことがあります。しかし、憎んでいるわけではないのに戦うこともあります、その典型はスポーツです。マラソン、競泳、サッカー、野球……どのスポーツにも戦い、競い合う側面があります。

激しいぶつかり合いのあるラグビーですら、選手同士が憎み合って戦っているわけではありません。ノーサイドの笛が鳴ると、互いの健闘をたたえ合う姿は、ラグビーが憎しみとは無縁のすがすがしいスポーツであることを物語っています。

仕事にも競争の側面がありますが、憎しみを伴う競争がよいわけはありません。ライバル企業があったり、社内にライバルがいたりする人もいるでしょうが、仮にライバルに憎しみを抱いているようでは、いったい何のために仕事をしているのか、その人の仕事観、さらには人間性をも問われることになるでしょう。たとえ、よい業績を上げても、よい仕事をしているとは決していえません。憎しみを仕事のパワーの源泉にしてはいけないのは明白です。

憎しみは誰も幸せにしない

若手のビジネスパーソンの場合、上司に憎しみに近い感情を抱く人もいます。「なんで、こんな意地悪をするんだ⁉」「これは嫌がらせじゃないのか」「僕が苦手なお客さんをわざと僕に担当させてるんじゃないか」……勝手にこのように思って、上司を憎んだりする人もときおりいます。

これらの思いを抱く場合、上司によるハラスメントかどうかの判断が重要です。ハラスメントであれば、しかるべき対処をする必要がありますが、そうではなく、自分の思い違いや逃げの心理が原因であれば、上司の進言や指示を「課題」や「挑戦」と考えて、前を向くことを考えるべきでしょう。

ライバルに対してだけでなく、誰に対しても、憎しみを抱きつつ仕事をすることは避けるべきです。上司、同僚、取引先、顧客……こうした人たちの誰かを「憎い」と思いながら仕事をすることは、自分自身を含めて、誰も幸せにはしません。デカルトが言うように、憎しみは避けても避けすぎることはないのです。

経験を重ね、学ぶことで、憎しみもコントロールできる

憎しみや悲しみを避けたり乗り越えたりするには、経験も有効かつ重要です。仕事で失敗をしたり、転職がうまくいかなかったり、試験に落ちたりといったことがあった場合、何度か経験を重ねることで、それらの感情を乗り越えられることがありま

す。

私にもそうした経験が幾つかありますが、その一つは、初めて雑誌の連載を打ち切られたときのことです。毎号、欠かさず書かせていただいていた雑誌でしたが、あるとき、担当編集者と会って話していると、「実はリニューアルということで、齋藤先生の連載は終了にさせていただきたく、これまでありがとうございました」と言われました。

えっ、どうして⁉　せっかくこれまで毎号書いてきたのに……。私はショックを受け、感情は波立ち、連載の打ち切りを決めた編集長に不快感を覚えました。

でも、考えてみると、終わりが来るのは仕方のないことです。雑誌のリニューアルという打ち切りの理由も、あとから考えると、十分ありうることです。

雑誌連載の打ち切りは、このあと、何回も経験しました。しかし私は、二回目以降は「そうですか。残念ですが、わかりました。ありがとうございました」といった感じで、その打ち切りの話を淡々と受け止められるようになりました。

テレビ番組のレギュラー出演なども同様です。「この番組は来週で終了することになりました」「齋藤さんの出演は今回が最後です」などと言われても、「なるほど、そうですか」といったように淡々と対応できるようになったのです。

私のこの変化は、感情が麻痺したせいではなく、最初があまりにナイーブだったのです。

依頼され、続けてきた仕事も、終わりのときは来る、という当たり前の事実を、私は経験によって学びました。それ以降、連載が打ち切られたり、続けてきた仕事が終わったりすることがあっても、悲しんだり恨んだりする感情はいっさい抱かなくなりました。

経験を積むに従って、「来る者は拒まず、去る者は追わず」という、一種の感情のルールが私の中にできていきました。

どこの職場でも、いろいろな変化が起こるはずです。たとえば、上司が代わった、親会社が変わった、社内ルールが変わった……。その変化を受け入れられず、怒りや憎しみに似た感情がわき起こることがあるかもしれません。

それらの変化が理不尽だったり非合理的だったりした場合は、声を上げればいいでしょうが、そうでなければ、人に対する悪感情は抑制し、冷静に感情をコントロールできるようにしていくべきでしょう。その場合、経験から学んでいくことも大切です。

悲しみも避けたり和らげたりすることができる

悲しみを避けることも大切です。大きな悲しみの一つに、親を亡くすことがあると思います。この悲しみも、軽減することはできます。

私は両親をすでに亡くしていますが、二人を亡くしたとき、打ちひしがれるほどの悲しみに襲われることはありませんでした。

私は両親ととても仲がよかったのですが、仲のよい親を亡くしたから、非常に悲しかったかというと、少し違っていました。それは、親とは十分に語り合い、十分に接してきたという思いが強かったからです。

たとえば父親とは、高校時代までよく一緒に将棋を指したり、大人になってからも一時期は、夜中の二時、三時まで、酒を飲みつつ、語り合いました。

そうした経験と記憶があると、父も母も亡くなってはいるけれど、今も自分の中では生きているという感覚があります。

もう一ついえば、諸行無常は世の常だから、生きとし生けるものはいずれ死を迎えるという厳然たる事実があります。そのことを感覚的にも身につけておくことは大切かもしれません。

ただ、順縁であればまだ受け入れられるとしても、逆縁はさすがにつらい、ということはあると思います。

私の祖母は自分の息子を先に亡くしていて、「こんな思いをするなら、長生きするんじゃなかった」と言っていたのを覚えています。こうした深い悲しみは避けようがないのでしょうが、時間の経過などが癒してくれることはあると思います。

エゴサーチをしない

ネット上の自分の評判を見たことによって、憎しみ、怒り、悲しみなどの感情を抱いてしまうことがあります。

検索サイトやSNSなどのネット上における自分について調べる「エゴサーチ」をすると、人によっては、自分に対する書き込みがたくさんあることに気づくでしょう。そこには、好意的な書き込みがある一方で、気が滅入るようなもの、やる気が失《う》せるようなもの、それは誤解だと弁解したくなるようなものなどが書き込まれていることもあります。

個人差はもちろんありますが、人の心はなかなか繊細で、たとえば、一〇〇のうち九九はよいことが書かれていても、残りの一が猛烈な批判であった場合、批判のほうが心に残ってしまいがちです。すると、落ち込んで、嫌な気持ちになって、そのことがいつまでも心に引っかかって、仕事にも悪影響が出てしまいます。

そうしたことが想像できるので、私はエゴサーチは絶対にしません。何かの検索をしていて、たとえば、私の本の名前が出てきても、そこは決してクリックしないで、すぐに画面を切り替えます。デカルト風にいえば、これは私にとって、憎しみや悲しみを避ける方法の一つなのです。

心理学者のマズローは、自己実現を果たしている人の特徴の一つに、限られた人たちと深い友人関係を結んでいることを挙げています。意外に思う人もいるかもしれませんが、マズローの研究によると、**自己実現者たちの交友関係は案外狭いのです。しかし、深い関係を持っています。**

ネット上にどこの誰か知らない人が書き込んでいる自分の評価を見て、憎しみや怒り、悲しみなどを抱くくらいなら、それらを遠ざける。つまり、そういったものは見ない、読まないという方法もあるのです。

29

挑戦し続けることで、気力は充実する

無気力とは身体が弱って動きのなくなる状態である。

『情念論』一〇〇ページ

愛は、精神がひたすら愛の対象を注視するようにするので、その対象の視覚像を精神に表象するのに脳内のすべての精気を用い、これには役立たない腺の運動をすべて停止してしまう

『情念論』一〇一ページ

手の届かないものを追い求めると、無気力になる

デカルトは、無気力には愛が深く関係していると考えていたようです。愛は欲望と結びついていて、**手に入れることのできないようなものに欲望を持つと無気力になる**とも、デカルトは考えていたのでしょう。〈無気力は、他の情念すべてにおけるより

も、愛においてはるかに多く見いだされる。〉（『情念論』一〇二ページ）という記述もあります。

デカルトのこの主張は、失恋を思い浮かべるとわかりやすいでしょう。ある人に恋い焦がれはしたものの、その思いが実ることはなかった。すると、仕事や勉強のやる気が消失し、さらに生きる張り合いをも失い、無気力になってしまう。この状況はまさに愛が無気力につながってしまうケースだと思います。

「適度な目標」を持つことで、気力はみなぎる

無気力にならない方法を「欲望」をヒントに見ていくと、**適度な欲望を持つことは無気力を避けるために有効です。**

適度な欲望を「適度な目標」と言い換えると、よりわかりやすくなります。大きな目標や遠大な計画を打ち立てても、最初から遠いところだけを見ていては、挫折感ばかりを味わうことになりかねず、結局は志をまったく達成できないといったことになりがちです。最終的には達成したい大きな目標がある場合にも、現実を見て、一歩先の目標を一つずつクリアしていくことが、まずは大切なのです。

現実を見て、それで目標を設定して、それを一つずつクリアしていく。すると、自己実現の感覚が得られるようになっていきます。先述したマズローは、自己実現している人は現実感覚のある人だと述べています。確かにそのとおりでしょう。

スキルとチャレンジのバランスが大切

心理学者のチクセントミハイは、**スキルとチャレンジのバランスが取れているときにフロー状態が起こる**と述べています。

ここでいうフローとは、流れの中に自分がいるような快適な気分のことです。仕事がうまくいっているときは、仕事が流れに乗っているような感じがします。これがフロー状態です。

自分にとって簡単な仕事をしていると、フロー状態になると思うかもしれませんが、簡単な仕事ばかりをしていると、実はだんだんと不快な気分になっていきます。

たとえば「今日は一日中、コピーを取って。明日もあさっても、コピーを頼むよ」と言われると、「それで給料をもらえるんだ。ラッキー」と思う人もいるかもしれませんが、そういう人でも、だんだん退屈になってきて、意欲が萎えてくるでしょう。

簡単だから快適かといえば、そうともいえず、仕事が簡単すぎて不愉快になって、気力が落ちていくということがあるのです。

チクセントミハイによると、右のような例はスキルとチャレンジのバランスが取れていない状態です。チャレンジがあまりにも足りないのです。

こうして見てみると、**フロー状態は自分の持っているスキルに対してチャレンジが釣り合っているときに起こることがわかるでしょう。**

たとえば、バッティングセンターで時速一〇〇キロのボールを打てる人が九〇キロのボールを打っても、それほどおもしろくありません。一〇五キロとか一一〇キロとか、自分が余裕で打てるボールより少し速いボールに挑むのが楽しいのです。それも打てるようになってくると、さらにスピードを上げて、一一五キロ、一二〇キロ……にもチャレンジしていく。そうしたことにやりがいを感じるものです。

仕事でも、自分が今、持っている力量に対して少し難しいことにチャレンジして、失敗しつつも成功体験を積み上げていくと、気力は充実し、やる気が持続することになります。

30

「自分の自由な意志」が人を強くする

人間が正当になしうる限りの極点にまで自己を重視するようにさせる真の高邁とは、ただ次の二点において成り立つ、とわたしは思う。一つは、上述の自由な意志決定のほかには真に自己に属しているものは何もないこと、しかもこの自由意志の善用・悪用のほかには正当な賞賛または非難の理由は何もないのを認識すること。もう一つは、みずから最善と判断するすべてを企て実行するために、自由意志を善く用いる、すなわち、意志をけっして捨てまい、という確固不変の決意を、自分自身のうちに感得すること。これは、完全に徳に従うことだ。

『情念論』一三四ページ

芥川龍之介の『鼻』とデカルト思考

ここでの「高邁」の意味は「自尊心」と読み換えてもよいでしょう。そう読み換えると、**自尊心は自分の自由意志にすべてかかっている**と、デカルトは考えています。

たとえば、自分の容姿を人からけなされたとします。「目がどうだ」とか「スタイルが何とかかだ」など……。そういうことを気にすることはあるでしょうが、デカルトによると、それはまったく気にする必要はないことになります。なぜなら〈自由な意志決定のほかには真に自己に属しているものは何もない〉からです。

芥川龍之介の作品に『鼻』という短編小説があります。以下、概要です。

――禅智内供《ぜんちないぐ》というお坊さんは、自分の鼻が顎の下まで伸びるほど、非常に長いことに自尊心を傷つけられていました。ある日、弟子が医者から鼻を短くする方法を教わってきたので、内供はこれを試すことにしました。熱湯で鼻を茹でて、その鼻を弟子が踏むなどすると、鼻は短くなり、内供は晴れ晴れした心持ちになりました。ところが、人々は内供の顔を見て、あからさまに笑うようになったのです。以前はそういうことはなかったのに。彼は鼻が短くなったことを恨めしく思うようになりました。内供はある夜、鼻がかゆくなり、眠れない夜を過ごしていました。翌朝早くに目を覚ますと、かつての非常に長い鼻に戻っていました。「こうなれば、もう誰も笑う者はいないだろう」。内供は再び晴れ晴れした心持ちになったのです。――

『鼻』の結末は「めでたし、めでたし」という感じですが、デカルトなら、「そんなこと、最初から気にすることはなかったんだよ」と、内供に言うでしょう。「鼻が長い？　だから、なに？　あなたの自由意志といっさい関係ないでしょ」と。

外見は自分の自由意志とはまったく関係ない

改めて考えてみると、容姿は自分の自由意志とは無関係です。持って生まれたもので、基本的には自分でどうこうできるものではありません。

自分が自分たるゆえんは自分の自由意志だけと考えると、仮に誰かが自分の顔を気に入らないと思っていたとしても、「それは私の自由意志に属していないことだから、しようがないよ」と考えることができます。

「イケメン」などの言葉に代表されるように、最近は容姿のことをことさら言いすぎるきらいがあります。しかし、重要なのは〈自由意志の善用・悪用のほかには正当な賞賛または非難の理由は何もない〉と考えることです。すると、容姿のことなど、まったく気にする必要がなくなります。

自尊感情を持とう

自分のことが好きで、自分は価値ある人間であると思う「自尊感情」は大事な感情であるといわれます。しかし日本人は、国際的に見て、この自尊感情が概して足りないともいわれています。

容姿、学歴、所属先、肩書、地位、収入などが自尊感情に影響を与えることもあるでしょう。しかし、**「自分は自分の自由な意志を持っている」と心の底から思えると、これらのことで自尊感情が損なわれることはないはずです。**「今、私は自分の意志で考え、選び、生きている。それが私であって、ほかのことは関係ない」と思えるからです。

「自分の意志は常に自分のもの」という感覚を身につけると、強い人間になれるでしょう。そして、卑屈にならず、高邁な気持ちを持てるようになるでしょう。

31

自尊心のある人は人との関係もうまくいく

自分自身をこう認識し感得する人たちは、他の人間たち一人ひとりも、自分をこのように認識しこのように感得できると、容易に確信する。なぜなら、これにおいては他人に依存するものは何もないからだ。ゆえに、この人たちは、誰をもけっして軽視しない。そして、たとえ他の人たちが弱点を顕わしてしまうような過ちを犯すのをしばしば見ても、責めるよりも許そうとし、かれらが過ちを犯すのは、善き意志の欠如というよりも認識の欠如によると考えようとする。

『情念論』一三四～一三五ページ

契約や就職には相手の意志が関わる

ある人が何か過ちを犯したとします。この場合、高邁な人は、過ちを犯した人は悪いことをしようとしたのではなく、認識が欠如していたと考える、とデカルトは言います。さらに、〈善き意志〉がとても大事で、これこそ自己を重んじる理由であって、ほかの人たちにも〈善き意志〉はあるとも言います。

「高邁な人は他人を軽視しない」。これもデカルトの主張です。これは、**自分のことを尊重してほしければ、人のことも尊重すべきであるとする考え方でもあります。**

ほかの人にも、自由な意志決定力がある。そのことを認め、尊重し合うという考えです。

デカルトのこの考えによると、ほかの人が自分には気に入らない決定をしたとしても、それがその人の自由な意志決定によるものであれば、それは尊重するほかありません。たとえば、自分に対する評価が低いとしても、それはそう評価されたと納得するほかないことになります。

私は無職のころ、いろいろな大学の公募に応じたのですが、送付した履歴書や論文がすぐに返送されてくることがよくありました。開封した形跡すらないものもあって、それでまた送るということを繰り返していました。

落ち続けることを残念には思いましたが、だからといって、憎しみのような感情がわいたかというと、そんなことはありませんでした。それは相手の自由な意志決定事項と思っていたからです。

仕事上の契約、就職や転職、恋愛や結婚などは、自分以外の人が関係しています。自分の意志だけではどうにもできない部分があります。

自分の意志は自分のものであって、自由に決定すべきです。その自由意志はほかの人も同様に持つべきだし、持っていると考えるべきです。

自由意志を常に善用するよう心がけ、他人を尊重し、共存していく姿勢が大事であることをデカルトは教えてくれています。

32

卑屈な人は人に対して傲慢になる

最も高邁な人たちは、通常、最も謙虚な人たちである。
『情念論』一三五ページ

卑屈すなわち悪しき謙虚は高邁の正反対である。
『情念論』一三九ページ

人間は皆、自由意志を持つ存在である

「自由意志を持つことこそが人間の証《あかし》である」。これが、デカルト思考の原理といえます。

その自由意志はほかの人も持っている、と思わなくてはいけません。**ほかの人の自由意志を無視して、自分の自由意志のみを貫こうとするのは高慢なあり方で、控えなくてはいけません。**

みんなそれぞれ自由意志を持った存在であるとしっかり認識できると、ほかの人に対して謙虚になれます。デカルトは、これを〈気高い謙虚〉と考えています。

誰に対しても、卑屈にも傲慢にもならないことが大切

〈最も高邁な人たちが最も控えめで最も謙虚であるのと同様、最も卑屈な人たちが最も横柄で尊大であることが、よくある。〉一三九ページ

デカルトの右の指摘に合点のいく人は多いのではないでしょうか。たとえば、ノーベル賞の受賞者は謙虚な人が多い印象を受けるし、反対に「私なんか、どうせできないんで……」などとよく言う人は案外、横柄で尊大であることが多いように思います。

〈何らかの利益が期待できる相手や、自分に損害を与える恐れのある相手に対しては、恥ずかしげもなく卑屈になり、何も期待できず、恐れることのない相手に対しては、横柄に傲然となる〉一三九ページ

利害関係のある相手には卑屈になって、何の利害関係もない相手には横柄になる、とデカルトは指摘しています。これは、強い者には弱く出て、弱い者には強く出るタイプでもありそうです。この指摘にも、納得できる人は多いのではないでしょうか。

福沢諭吉も著書『学問のすゝめ』の中で、「卑屈な気風、風習をやめなさい」と、何度も書いています。たとえば、相手が武士だと、「へ、へぇー」とひれ伏すような態度になって、卑屈になる。そういうことは、これからの新時代ではすべきではない、誰に対しても卑屈になる必要はない、と福沢諭吉は言っています。

職場でも、上司には卑屈な態度をとって、部下やアルバイト、派遣社員などには横柄な態度をとる人も、中にはいるでしょう。あるいは、得意先の経営が傾き、ビジネス上のメリットが薄まると、ぞんざいな態度をとる人もいそうです。こういう態度は、デカルトや福沢諭吉の指摘を待つまでもなく、みっともないことです。

ただし、謙虚な気持ちを意識的に持っていないと、思わず出てしまう態度でもありそうです。そういう意味でも、自分も他人も皆、自由意志を持つ存在で、尊重すべきであるとするデカルトの教えを肝に銘じるべきでしょう。

33

覚悟を決めて決断する習慣をつける

現前するすべてのものについて確実で決然たる判断をする習慣をつけ、さらに、最善と判断することを行えば、たとえその判断が大きく間違う可能性があっても、とにかく自分の義務を果たしている、と思う習慣をつけること。

『情念論』一四九ページ

うまくやろうと思いすぎることの弊害

〈不決断も一種の不安であ（る）〉（一四八ページ）と、デカルトは『情念論』で言います。その上で、「決断できずにいる人は、とても不安になる。その不安は、うまくやろうと思いすぎたり、知性が弱く、明晰さに欠けた、漠とした観念しか持っていなかったりするために生じる」とも言います。

思考の明晰性に欠けることはもちろんよくないのですが、うまくやろうと思いすぎ

ることも、デカルトは戒めています。

さらにデカルトは、この項の冒頭の文章〈現前するすべてのものに〜〉を記しています。これは「目の前にあるすべての物事に確実で決然とした判断をする習慣をつけなさい。最善であると判断したのであれば、たとえその判断が大きく間違う可能性があっても、自分の義務は果たしていることに変わりはないのだから、とにかく、そう思う習慣を身につけなさい」ということです。

覚悟を決めて決断する習慣をつけることが大事である。そうすれば、たとえその決断が間違っていても、義務を果たしたのだから、納得はできるものである。そういう決断を繰り返して、自分の決断に納得する習慣を身につけなさい。——これが、ここでのデカルトの主張です。

判断を誤ったら、速やかに判断を修正する

デカルトは「誤った意見から生じる決意」に従うと、「心残り」や「後悔」にとらわれることも『情念論』（四八ページ）で指摘しています。また、『方法序説』などで熟慮断行することもすすめています。

熟慮して断行しても、その判断が間違っていることがあります。その場合、後悔することもあるでしょう。

しかし次には、できるだけ速やかに修正の決断をして、新たな判断に基づいた行動をしていけばよいのです。

重要な事項などを判断する際は、熟慮することが求められますが、うまくやろうと思いすぎずに、**「判断↓実行↓間違いの判明↓修正の判断↓再実行」**というサイクルも活用できることを知っていると、判断できないという事態は回避できるようになるでしょう。

34

悲しみや悔しさを減らし、喜びを増やす方法がある

情念に最も動かされる人間は、人生において最もよく心地よさを味わうことができる。(中略) 知恵の主要な有用性は、次のことにある。すなわち、みずからを情念の主人となして、情念を巧みに操縦することを教え、かくして、情念の引き起こす悪を十分耐えやすいものにし、さらには、それらすべてから喜びを引き出すようにするのである。

『情念論』一八一ページ

知恵を使って、情念を操る

すでに見てきたように、デカルトは、情念(感情)そのものが悪いと言っているわけではありません。情念の使い方こそが重要で、上手に使えば、人生は楽しくなり、心地よさを味わえると考えています。

デカルトというと、「理性」や「合理」ばかりを思い浮かべる人もいるかもしれませんが、「感情」を軽視しているわけでは決してありません。むしろ感情と上手につき合うことを説いていて、そのためには「知恵」が大事だと言っています。

知恵があると、情念を巧みに操れるようになって、情念が引き起こす、憎しみや悲しみなどの悪を減らし、喜びを引き出すようになると、デカルトは考えています。これが知恵が持つ主な有用性です。

今の時代の私たちも、知恵を使いつつ、嫌なものを減らして、よいものを増やしていくようなライフスタイルを目指すとよいといえます。それは当然、仕事でもいえることです。

「このチーム、いいね」と思えるチームにしよう

仕事はチームで行なうこともよくあるでしょう。「このチーム、いいね」と思えるチームで仕事をすると、悲しみや憎しみ、怒りは激減し、喜びは倍加するものです。

これは私の経験上もいえます。私はNHK Eテレの幼児番組『にほんごであそぼ』の総合指導を二〇〇三年の放送開始以来、続けています。プロデューサーやデザ

イナーなどの中心メンバーもそれ以来、ずっと変わらず、彼らとは互いに気心の知れた間柄です。

このメンバーでいると、ちょっとしたトラブルが起こることがあっても、人間関係で嫌なことは起こりません。というのも、長く機能しているチームなので、トラブルへの対処法もわかっているし、会議でも皆、上機嫌で、アイデアを忌憚なく出し合える良好な関係ができているからです。そういう中で過ごしていると、仕事をしていて、ストレスがたまるようなことはいっさい起こらないのです。

面倒なことが起きたときは、チームとしてどう対処しようかと、まるでスポーツのチームが難敵に勝つための作戦を考えるような雰囲気になります。それはそれで大変ですが、仕事のおもしろみを実感できるときでもあります。「あの企画がダメになったから、このアイデアが出たんだよな。このほうが、かえっていいよね」といったこともしばしば起こります。

会議のあとに食事や飲みに行くこともよくあります。そこでまた議論が沸騰することもあって、そういうことを繰り返していると、「何があっても、このチームでやっていこう」という気分にもなりました。

チームでの仕事は喜びを倍加させる

チームがもたらす満足感について、デカルトは直接には言及していませんが、これは喜びの中でもとりわけ大きな喜びだと思います。

一緒に戦っているチームだと思うと、たとえ結果的にうまくいかなかったとしても、「あれは残念だったけど、もう忘れることにしよう。次、また新しいことをしよう」といった雰囲気になって、落ち込みは半減され、次回への希望ややる気がわき起こる感じがします。そして、うまくいった場合は「いやぁ、よかったね。大成功だよ。次もがんばろう」と、喜びが倍加されるのを感じるものです。

チームでの仕事は、悲しみや悔しさを半減させ、喜びを倍加させることが可能です。

「みんなで楽しみながら仕事をしよう」

「誰かがミスしたときは、責めるのではなく、原因を究明して、改善していこう」

「成果はみんなで分かち合おう」

……こうした方針を立てて、仕事に向き合うと、〈情念の引き起こす悪〉は減らせ、喜びという情念を増やしていくことがきっとできるようになるでしょう。

装幀：西垂水敦・市川さつき（krran）
装幀写真提供：iStock.com/ibusca
本文図版作成：有限会社ティー・ハウス
編集協力：平出浩

【著者紹介】

齋藤　孝（さいとう　たかし）

1960年、静岡県生まれ。東京大学法学部卒業。同大学大学院教育学研究科博士課程を経て、現在、明治大学文学部教授。専門は教育学、身体論、コミュニケーション論。テレビ、ラジオ、講演等、多方面で活躍。

著書に『声に出して読みたい日本語』（草思社文庫、毎日出版文化賞特別賞受賞）、『身体感覚を取り戻す』（ＮＨＫブックス、新潮学芸賞受賞）、『大人の語彙力ノート』（ＳＢクリエイティブ）、『座右のゲーテ』『座右のニーチェ』（以上、光文社新書）、『使う哲学』（ベスト新書）、『他人に振り回されない自信の作り方』（ＰＨＰエディターズ・グループ）など多数。著書累計発行部数は、一千万部を超える。

仕事に使えるデカルト思考

「武器としての哲学」が身につく

2020年２月26日　第１版第１刷発行

著　者　齋　藤　孝
発行者　清　水　卓　智
発行所　株式会社ＰＨＰエディターズ・グループ
〒135-0061　江東区豊洲5-6-52
☎03-6204-2931
http://www.peg.co.jp/
発売元　株式会社ＰＨＰ研究所
東京本部　〒135-8137　江東区豊洲5-6-52
普及部　☎03-3520-9630
京都本部　〒601-8411　京都市南区西九条北ノ内町11
PHP INTERFACE　https://www.php.co.jp/
印刷所
製本所　図書印刷株式会社

ISBN978-4-569-84655-2

PHPエディターズ・グループの本

他人に振り回されない自信の作り方

齋藤　孝　著

自信＝自芯。「できる」を少しずつ増やすことで心の芯は太くなる。他人の評価にまどわされない、自分の「芯」を培うメソッドを紹介。

定価　本体一、五五〇円（税別）